Der Tiger und die Schwiegermutter

Hans-Jürgen Gaugl

Der Tiger und die Schwiegermutter

Familienkonflikte:
Schlachtfeld oder Chance?

Hans-Jürgen Gaugl
hansjuergen.gaugl@gmail.com
Österreich

ISBN 978-3-642-38993-1   ISBN 978-3-642-38994-8 (eBook)
DOI 10.1007/978-3-642-38994-8

Die Deutsche Nationalbibliothek verzeichnet diese Publikation in der Deutschen Nationalbibliografie; detaillierte bibliografische Daten sind im Internet über http://dnb.d-nb.de abrufbar.

Springer Spektrum
© Springer-Verlag Berlin Heidelberg 2013
Das Werk einschließlich aller seiner Teile ist urheberrechtlich geschützt. Jede Verwertung, die nicht ausdrücklich vom Urheberrechtsgesetz zugelassen ist, bedarf der vorherigen Zustimmung des Verlags. Das gilt insbesondere für Vervielfältigungen, Bearbeitungen, Übersetzungen, Mikroverfilmungen und die Einspeicherung und Verarbeitung in elektronischen Systemen.

Die Wiedergabe von Gebrauchsnamen, Handelsnamen, Warenbezeichnungen usw. in diesem Werk berechtigt auch ohne besondere Kennzeichnung nicht zu der Annahme, dass solche Namen im Sinne der Warenzeichen- und Markenschutz-Gesetzgebung als frei zu betrachten wären und daher von jedermann benutzt werden dürften.

Planung und Lektorat: Marion Krämer, Stella Schmoll
Redaktion: Monika Paff
Einbandabbildung: Maxim Godkin / shutterstock
Einbandentwurf: deblik, Berlin

Gedruckt auf säurefreiem und chlorfrei gebleichtem Papier

Springer Spektrum ist eine Marke von Springer DE. Springer DE ist Teil der Fachverlagsgruppe Springer Science+Business Media.
www.springer-spektrum.de

Vorwort

Wer etwas will, der findet Wege. Wer etwas nicht will, der findet Gründe.

(Werner Götz)

Zu einem Urzeitmenschen kommt ganz aufgeregt seine Frau gelaufen: „Du", ruft sie bereits von der Ferne, „ein Säbelzahntiger ist in die Höhle meiner Mutter gelaufen." Meint darauf der Urzeitmensch völlig unbeeindruckt: „Na und? Soll der Tiger doch selbst sehen, wie er da wieder rauskommt."

Es sind Witze wie dieser, welche für Menschen ohne einen eigenen Erfahrungsschatz über die wunderbaren Erlebnisse, welche man in der Begegnung direkter und leider auch indirekter Natur mit seiner Schwiegermutter machen kann, etwas nach Kalauer klingen. Anderen Menschen, zu denen ich mich auch zeitweilig zählen musste, bleibt dabei hingegen das Lachen rasch in der Kehle stecken, da der Nachgeschmack der zwangsläufig aufsteigenden Bilder aus der eigenen Vergangenheit einfach zu bitter schmeckt. Es ist auch gar nicht weiter verwunderlich, wenn man nach dem Erzählen dieses Beispiels aus einer unendlich scheinenden Vielzahl von Schwiegermütterwitzen sofort Vorschläge erhält, wie denn die Geschichte weitergehen könnte: Das sofortige Zumauern der Höhle jedem Gefühl von Tierliebe zum Trotz ist da noch einer der harmlosesten Gedanken.

Aber auch in die andere Richtung gibt es viele Erwartungshaltungen, Fantasien und Wünsche, die in eine Glorifizierung des „Traumes von einem Schwiegerkind" münden, noch lange bevor das eigene Kind überhaupt für eine Partnerschaft bereit ist. Es werden sämtliche eigenen Idealvorstellungen, die man selbst in der Realität nicht antreffen konnte, verpackt in das Bild eines Partners, den man seinem Kind wünscht: damit das Kind es gut hat, damit es dem Kind besser ergeht, als es einem vielleicht selbst ergangen ist. Klingt romantisch, ist aber eine Bürde, die man dem eigenen Kind und dessen noch gar nicht präsenten Partner überträgt, welche sehr rasch für Konfliktstoff gut sein kann.

Warum ist das jedoch so? Weshalb wird das Verhältnis zur eigenen Schwiegermutter beziehungsweise zum Schwiegerkind von so vielen Menschen als so problematisch gesehen? Wie kann es dazu kommen, dass die in unserer heutigen Gesellschaft erschreckend hohen Scheidungszahlen zunehmend garniert werden mit der Schwiegermutter als Scheidungsgrund? Ist das eine Entwicklung, die man als gottgegeben hinnehmen muss, die einfach vorgezeichnet ist als normaler Lauf der Dinge – oder hat man hier doch, jeder für sich selbst, die Chance, die Sache zum Guten zu wenden?

Wie so oft in festgefahren erscheinenden Konfliktfeldern übersehen die Beteiligten auch hier bedauerlicherweise, dass das Fortschreiten auf dem eingeschlagenen Weg der Gehässigkeit und der – sofern überhaupt noch möglich – Eskalation das Blickfeld für das persönliche Glück zunehmend einengt und gleichzeitig enorme Ressourcen bindet.

Burn-out und Depressionen liegen zumeist nicht mehr weit entfernt, und keines der Familienmitglieder bleibt von den Gefahren der Auswirkungen verschont. Entwicklungen, die aber nicht zwingend auf der Gehässigkeit der Schwiegermutter oder des Schwiegerkindes beruhen, sondern selbst bei einer Beherzigung etwa des biblischen Ratschlages „Der Anfang des Streites ist wie eine Sickerstelle in einem Damm: Du musst beizeiten eingreifen, ehe es zur Katastrophe kommt!" oftmals nicht vermeidbar erscheinen, da man einfach keinen Weg mehr aus dem Dilemma heraus zu sehen vermag.

Mit vorliegendem Buch möchte ich nicht nur meine eigenen Gedanken zu dem Thema sortieren – ja, auch ich habe das Phänomen der Schwiegermutter am eigenen Leib verspürt –, sondern potenziell oder auch akut betroffenen Schwiegermüttern oder Schwiegerkindern Anregungen geben, wie man sich dem Thema neu nähern kann. Dabei fließen nicht nur neurobiologische Erkenntnisse Joachim Bauers („Warum ich fühle, was Du fühlst") und Gerald Hüthers („Was wir sind und was wir sein könnten") sowie Lösungsansätze aus Kommunikationswissenschaft, Psychologie und der modernen Mediationslehre ein, sondern auch zahlreiche anonymisierte Beispiele aus dem Leben. Ich lade dabei immer wieder ein zu einem Gedankenkino: Die Schilderungen aus beispielhaften Begegnungen und auch aus der Literatur sollen dazu anregen, gleichsam einem Gedankenkino das Gelesene auf die innere Leinwand zu projizieren und dabei in sich hineinzufühlen: Welche Gedanken und Gefühle treten dabei in Erscheinung, an welches Erlebnis aus der eigenen Vergangenheit erinnert das, welche eigene Lösung wurde gefunden. Denn zu den Beispielen gilt: Frei nach Berthold Brecht sind hier Übereinstimmungen mit eigenen Erfahrungen der einen Leserin oder des anderen Lesers weder beabsichtigt noch zufällig, sondern scheinbar unvermeidbar.

Dieses Buch wird helfen, ein wenig mehr Wertschätzung und konstruktive Auseinandersetzung in die Familie als Keimzelle unserer Gesellschaft von gestern, heute und morgen zu bringen. Überprüfen wir jeder für sich selbst ganz genau, wofür wir uns zur Verfügung stellen, welche Verstrickungen uns im Bann halten und dabei im Weg stehen, im Umgang mit dem anderen wir selbst zu sein; sagen wir gegebenenfalls am Ende zu allen blockierenden Energien „ich stehe nicht mehr zur Verfügung" (Olaf Jacobsen in seinem gleichnamigen Buch) und befreien uns jeder für sich selbst von belastenden Gefühlen, um unsere Beziehungen völlig neu zu erleben, auch jene zwischen Schwiegermutter und Schwiegerkind.

Inhalt

Vorwort V

Inhalt IX

1 Das Schlachtfeld wird bezogen 1

Die Schwiegermutter – Definition 1
Zwei Menschen finden einander – die Geburt
der Rolle Schwiegermutter 3
Die Stufen der Eskalation 14
   Konflikt – was ist das überhaupt? 14
   Stufe 1: Verhärtung 23
   Stufe 2: Polemik 27
   Stufe 3: Taten statt Worte 29
   Stufe 4: Images und Koalitionen 31
   Stufe 5: Gesichtsverlust 37
   Stufe 6: Drohstrategien 41
   Stufe 7: Begrenzte Vernichtungsschläge 44
   Stufe 8: Zersplitterung 46
   Stufe 9: Abgrund 47
   Andere Modelle zur Konflikteskalation 47
   Zusammenfassung 52
Auswege – der Schwiegermutterkonflikt als Chance ... 55

2 Blick hinter die Kulissen 59

Wie tickt der Mensch............................ 59
Formen des Konfliktverhaltens – und die
Konsequenzen 71
Kultureller Hintergrund 83
Die Bedeutung des Heimathafens 91
Der Neue in der Familie........................... 98
Bindungen – welche Rolle spielt das Hirn 109
Wenn er meine Tochter lieben würde, dann
würde er sich uns anpassen....................... 120
Die Rolle des Partners im
Schwiegermutterkonflikt – Chancen und Fallen 129

3 Es geht auch anders 137

Konflikt als Chance 137
Hilfstechniken auf dem Weg zum Miteinander....... 140
Steigerung des Eigenverständnisses................. 143
Gewaltfreie Kommunikation 155
Achtsamkeit und Erwartungsfreiheit................ 163
Strategiemodelle unter Berücksichtigung des
Eskalationsstufenmodells 170
    Moderation.................................. 171
    Prozessbegleitung............................. 174
    Sozio-therapeutische Prozessbegleitung 177
    Vermittlung.................................. 177
    Schiedsverfahren.............................. 178
    Machteingriff 179
Überblick über das Anbot an Hilfestellungen 180
    Nachbarschaftshilfe 181
    Familienberatung 184
    Familientherapie.............................. 185
    Systemische Familienaufstellung................ 188
    Familienmediation 191
    Familiengericht............................... 194
Pfad des friedlichen Miteinanders 194

Literatur... 197

1
Das Schlachtfeld wird bezogen

„Manche Menschen drücken nur deshalb ein Auge zu, um besser zielen zu können."

(Billy Wilder)

Die Schwiegermutter – Definition

Wikipedia nähert sich der Frage, was denn nun eine Schwiegermutter sei, auf einer sehr nüchternen, der reinen Bedeutung im deutschen Sprachgebrauch verschriebenen Art: Es handle sich dabei um die Mutter des Ehegatten bzw. Lebenspartners, eine medizinische Klammer, die sich mit vier oder mehr spitzen Haken in den elastischen Verband krallt, die umgangssprachliche Bezeichnung für einen Klammerentferner oder auch um eine Einfädelungshilfe, um den Faden besser durch das Nadelöhr zu führen. Schwiegermutter ist demnach auch der Name einer Leuchttonne in der Nähe von Holnis in der Flensburger Förde und ein Märchenfragment in den Hausmärchen der Gebrüder Grimm.

Schwiegermuttersitz ist ebenso eine ironische Bezeichnung für den Notsitz, einen aus dem Heck herausklappbaren, unüberdachten zusätzlichen Sitzplatz, wie er für einige Roadster aus den 1930er-Jahren charakteristisch war, sowie der Spitzname für den Goldkugelkaktus *echinocactus grusonii*.

Die Schwiegermutter war auch in der Literatur ein immer wieder präsentes, wenngleich auch oftmals nur verhalten oder versteckt angesprochenes Phänomen. Bereits in der Bibel ist etwa bei Lukas die Heilung der Schwiegermutter des Petrus das zweite Wunder überhaupt und das erste „körperliche" Heilungswunder – unmittelbar vorher wird von der Heilung eines Besessenen berichtet. Auch in der Märchenwelt ist die Schwiegermutter immer wieder präsent, wenngleich nicht gerade in einem vorteilhaften und schmeichelhaften Bild wie etwa bei den Gebrüdern Grimm. Auch die Trivialliteratur ist hier etwas deutlicher und weiß in unzähligen Witzen, denen bekanntermaßen von der Gesellschaft meist wahre Kerne zugesprochen werden, ein Bild der Begegnung mit der Repräsentantin der Ursprungsfamilie des eigenen Partners in pointierten Beschreibungen zu zeichnen:

Steht ein Autofahrer wegen Geschwindigkeitsüberschreitung vor Gericht. Richter: „Soso, Sie behaupten also, Sie seien nicht zu schnell gefahren. Wie wollen Sie das denn beweisen?" Angeklagter: „Ganz einfach: Ich war auf dem Weg zu meiner Schwiegermutter."

Wahrsagerin zum Ehemann: „Morgen stirbt Ihre Schwiegermutter ganz plötzlich." „Weiß ich", antwortet der Mann. „Mich interessiert nur, ob ich freigesprochen werde."

Auch die Wissenschaft rund um das Konfliktmanagement kennt die Schwiegermutter als namensgebend: So steht der „Schwiegermutterkonflikt" modellartig für jene Paarkonflikte, die aufgrund von mitgebrachten Unterschieden in der Zusammenarbeit zwischen zwei Menschen entstehen (Schwarz, Konfliktmanagement).

In Geschichten, die das Leben schreibt, also in Gerichtsprotokollen, finden sich ebenfalls viele Geschichten über Schwiegermütter. Nicht weiter verwunderlich, wenn man berücksichtigt, dass eine Vielzahl geschiedener Menschen als einen der Hauptgründe das Wirken der Schwiegermutter angibt: Experten gehen davon aus, dass Schwiegermütter aktuell bereits jede achte Ehe im deutschsprachigen Raum zum Scheidungsrichter bringen. Wohlbemerkt ist dazu festzuhalten, dass dies jeweils in der festen Überzeugung erfolgt, dies sei zum Wohle des eigenen Kindes in der zerstörten Partnerschaft unabdingbar. Daher ist es nicht weiter verwunderlich, dass die Umgangssprache neben den hier angerissenen Definitionsversuchen und sprachlichen Bedeutungen zahlreiche weitere Umschreibungen kennt. Diese reichen vom Engel der Familie über Hekate, die ihr eigenes Kind als erfüllenden Subalternen missbraucht, bis hin zum Schwiegerdrachen oder dem auch aus dem gleichnamigen Hollywoodfilm bekannten Schwiegermonster.

Zwei Menschen finden einander – die Geburt der Rolle Schwiegermutter

Bevor man zu einer Schwiegermutter kommt, bedarf es natürlich erst einmal des Entschlusses, mit einem Menschen, den man lieben gelernt hat, zum gemeinsamen Entschluss zu kommen: Ja, wir wollen zumindest ein Stück unseres Lebensweges miteinander gehen.

Die auch bereits davor zumeist selbstverständlicherweise gegebene Tatsache einer Mutter auch auf Seite des neuen Lebensweggefährten, die in ihrer vollen Bedeutung und alltäglichen zumindest indirekten Anwesenheit in den ersten Phasen der Beziehung nicht weiter wahrgenommen wurde, bekommt jedoch mit diesem Entschluss schlagartig eine andere Dimension. Wie kommt es dazu?

Solange eine Beziehung zweier Menschen in den Anfängen steckt und von den beiden Herkunftsbeziehungssystemen – also den Familien der beiden Personen – nicht als potenziell auf Dauer ausgerichtet wahrgenommen wird, wird es den beiden verliebten Menschen möglich sein, in Ruhe und zu zweit an einer gemeinsamen Sprache, an einem gemeinsamen Verständnis der jeweiligen individuell entwickelten Wertevorstellungen und der nötigen Wertschätzung gegenüber den unterschiedlichen Zugängen zu arbeiten. Es findet ein von Außeneinflüssen, denen Autorität eingeräumt wird, ungestörtes Erforschen der Vorlieben des jeweils anderen statt. Die Spiegelneuronen arbeiten auf Hochtouren, man verschlingt förmlich die emotionalen Regungen des anderen und prüft sie auf Vereinbarkeit mit der eigenen inneren Landkarte. Es findet dabei ein wechselseitiger Abgleich statt.

Auch die Beziehung zur zukünftigen Schwiegermutter ist zu diesem Zeitpunkt zumeist noch eine sehr entspannte und eher von Offenheit, Neugier auf das Sein des jeweils anderen und jener Wertschätzung getragen, die in der jeweiligen Umgebungsgesellschaft als „normal" gegenüber den Mitmenschen gelebt wird. Die beiden Familiengeschichten kommen noch kaum zum Wirken, es herrschen noch jene

Verhaltensmuster vor, die auch in der öffentlichen Gesellschaft gelebt werden.

Das Eingehen eines neuen Lebensabschnittes in gewollter Zweisamkeit entpuppt sich nach Ablegen der berühmten rosa Brille aber rasch als weit mehr als die Schaffung einer mikrosozialen neuen Zelle in der beabsichtigten und auf den ersten Blick auch von außen erkennbaren Größe. Rasch wird sich herausstellen, dass sich gleichsam ein Harem gebildet hat, bestehend nicht nur aus den beiden Partnern, sondern auch aus deren Herkunftsfamilien. Die jeweilige Mutter nimmt dabei die zentrale Rolle der Trägerin und auch Überträgerin von Familientradition sowie einem komplexen Wertesystem, aber auch offener und verborgener Familiengeschichte ein. Und je nach Familienkultur erfolgt nun eine erste Weichenstellung, welche den weiteren Verlauf der Partnerschaft das erste Mal wesentlich zu beeinflussen vermag. Treffen zwei offene Familienkulturen aufeinander, so ist die Partnerschaft zunächst von familiengeschichtlichen Störfaktoren frei und kann sich als mikrosozialer Satellit zweier Ursprungsfamilien selbstständig entwickeln. Wäre diese Konstellation so häufig anzutreffen, wie es der Menschheit zu wünschen wäre, so gäbe es wohl dieses Buch nicht und auch nicht die zahlreichen Geschichten rund um das Phänomen Schwiegermutter mit all seinen Schattierungen und Auswirkungen auf ganze Kulturkreise. Denn leider scheint es der Regelfall zu sein, dass zumindest eine der beiden Herkunftsfamilien ein problematisches und nicht aufgearbeitetes Erbe mit sich trägt und von Generation an Generation weiterreicht, geschützt durch ein geschlossenes Familiensystem als Schutzwall gegen ungewünschtes Entdecken desselben. Nicht immer gehören

Achtsamkeit, bedingungslose wechselseitige Offenheit und auch geübte wertschätzende Abgrenzung gegen die jeweilige Familienerbsünde, welche von der Schwiegermutter gleichsam Evas Apfel als Mitgift in die junge Partnerschaft eingebracht wird, zum Standardrepertoire der beiden frisch verbundenen Menschen. In diesen Fällen birgt jede Beziehung das Potenzial in sich, eine Kopie der West Side Story zu werden, in welcher man eine der Hauptrollen spielen darf mit dem Unterschied, dass das eigene Leben an die Stelle einer Bühne tritt.

Jetzt werden sich viele die Frage stellen, was denn bitte die Herkunftsfamilie und gar deren Familiengeschichte mit einer Beziehung zweier junger frisch verliebter Personen zu tun haben soll. Auf diesen Aspekt wird später nochmals näher einzugehen sein, aber so viel vorweg: Natürlich handelt es sich bei dem Paar um zwei erwachsene Menschen, beide im Leben stehend, beide mit klaren Vorstellungen vom eigenen Lebensplan, beide geübt darin, Entscheidungen für sich auf Grundlage der eigenen Wertevorstellungen und Bedürfnisse zu treffen, und auch gewillt, an dieser Herangehensweise nichts zu ändern. Beide können, getragen von der Überzeugung, sämtliche Situationen des Lebens meistern zu können, selbstständig ihren persönlichen Weg machen, sich weiterentwickeln und entfalten, wohl wissend, alle Lösungen und Antworten in sich selbst finden zu können, da sie alle Voraussetzungen dafür in sich tragen. Und dennoch kann ein unausgesprochenes dunkles Geheimnis in der Herkunftsfamilie des einen oder die unerfüllte Kindheit eines Mitgliedes der Herkunftsfamilie des anderen da enormen Raum einnehmen und in das selbstständige Leben des sich eigentlich unbedarft wähnenden Erwachsenen oder sogar über den Weg der eingegangenen Beziehung in das Leben eines anderen Menschen, des Partners, Eingang finden.

Das scheint auf den ersten Blick schwer verständlich und irrational, doch ein Reframing mit einer anderen, in vielen Stationen durchaus vergleichbaren Lebenserfahrung verdeutlicht die Dynamik, die hier entsteht, aus einer anderen Perspektive und hilft somit, vielleicht Zusammenhänge zu erkennen, noch bevor sie sich schmerzhaft Raum an der Oberfläche des äußerlich Wahrnehmbaren schaffen. Denken wir an das Beziehen eines neuen Heimes: Man packt all sein Hab und Gut in unsäglich viele Kartons, baut im neuen Zuhause vermeintlich viel zu viele Regale und Schränke auf – die, wie sich später herausstellen wird, niemals zu viel Platz bieten können, sondern irgendwann immer zu wenig werden – und versucht dann, Stück für Stück der mitgenommenen Habseligkeiten in eine neue Ordnung zu bringen. Es dauert meist unendlich lange, bis auch der letzte Karton geleert ist, das letzte Souvenir seinen Platz gefunden hat an einem würdigen Ort, der auch in die neue Ordnung passt, mit der man sich wohlfühlt und die auch tatsächlich die Chance bietet, bei Bedarf das Gewünschte zu finden. Bei vielen Kartons bleibt man außerdem länger als geplant hängen: Man rätselt, woher man denn das eine oder andere Stück daraus überhaupt hat; weshalb man es eigentlich aufgehoben hat; erinnert sich vielleicht, dass es sich bei manchem Schmuckstück, das man ja eigentlich eh nie tragen möchte, um ein altes Erbstück der Urgroßmutter handelt und man es daher unbedingt weiterhin an einem Ehrenplatz verwahren muss, auch wenn man es dort dann rasch wieder aus der bewussten Wahrnehmung verliert; kann sich wieder nicht von dem alten Meister trennen, obwohl man ihn niemals im Wohnzimmer aufhängen würde und daher wieder in den Keller verbannt. Auch wenn man sich bei jeder Übersiedlung irgendwann im Verlauf derselben an althergebrachte Weisheiten wie „fünf Mal übersiedeln ist wie einmal abbrennen" erinnert, so schaffen es doch einige Habseligkeiten, immer wieder mitgenommen zu werden, um erneut außerhalb der täglichen Wahrnehmung ihr Dasein zu fristen. Zwar wirft man auch die eine oder andere Habseligkeit, die man ursprünglich für wert empfunden hat, aufgehoben zu werden, anlässlich einer solchen Übersiedlung weg, manchmal sogar noch nach der Verbringung der Kartons in die neue Bleibe, aber zu manchen Kellerhütern besteht einfach eine zu große, wenn auch nicht in die letzte Konsequenz hinein hinterfragte Beziehung: eine janusköpfige Beziehung, denn weder die Trennung von der Habseligkeit mit meist langer Geschichte mag gelingen, noch die Integration in das neue Heim in Form einer im bewussten Alltag bedeutenden Aufbewahrungsstelle.

Dies ist ja schon bei der Übersiedlung eines einzelnen Menschen eine spannende Herausforderung, die wir alle mehr oder weniger oft hinter uns gebracht haben. Um wie viel spannender ist es allerdings, wenn zwei Menschen beschließen, ein neues gemeinsames Heim zu schaffen. Hier sind es zweimal Unmengen von Kartons, die auf eine neue – gemeinsame – Ordnung warten. Es sind darunter sicher viele Sachen, die sich ergänzen und rasch einen gemeinsamen Platz friedlich nebeneinander und miteinander finden – etwa in der Bestecklade. Spätestens bei den Bildern wird es allerdings spannend und findet dann seinen Höhepunkt im Umgang mit den alten Familienstücken.

Gleichsam den unzähligen Kartons bei der Übersiedlung und schließlich im Zusammenziehen zweier Menschen sind es unzählige Erfahrungen, Ideale und Persönlichkeitsmerkmale, die in eine Beziehung mitgenommen werden. Und gleichsam den alten verstaubten Erbstücken ist es bewusste und unbewusste Familiengeschichte, die hier fortgeschrieben wird. Wie auch der Umgang mit den übersiedelten Gegenständen – leicht nachvollziehbar, weil äußerlich erkennbar veranschaulicht – funktioniert die Mitnahme der einzelnen Persönlichkeitsanteile originärer und tradierter, bewusster und unterbewusster Art auf differenzierte Art und Weise: Während man zu einigen Sachen sehr gut stehen kann und sich auf die Tauglichkeit im Alltag schnell verständigt und das auch nach außen zu zeigen bereit ist, werden einige Sachen zu einer Verwahrung an einem mehr oder weniger versteckten Ort verurteilt, weil man mit ihnen zwar nichts anzufangen weiß, sich davon zu trennen aber auch nicht gelingen mag aus der Rationalität unbekannten Ursachen.

Und spätestens hier, beim Zusammenziehen im tatsächlichen und nicht bloß im bildlichen Sinn, schlägt sie übrigens das erste Mal auch sichtbar zu: die Schwiegermutter. Als wären die Herausforderungen der Errichtung einer gemeinsamen Bleibe und anschließend der Schaffung einer gemeinsamen Ordnung für den Inhalt der Kartons, den beide mit in das neu bezogene gemeinsame Heim bringen, nicht genug, befindet nun die Schwiegermutter, was jedenfalls zu beachten sein wird.

Gedankenkino

Bereits die Phase der Anschaffung des Grundstückes und der Planung des Hauses war ein Wahnsinn. Anton saß natürlich viel mit seiner Frau Beate zusammen, und sie haben sich viele Gedanken über Lage und Ausstattung des Hauses gemacht, nachdem sie endlich ein Grundstück nach ihren Anforderungen gefunden hatten – wobei rückblickend eigentlich gar nicht so klar ist, ob es nicht eher die Anforderungen Beates oder ihrer Mutter waren. Zur Weißglut brachte die Schwiegermutter Anton mit ihren ständigen Einmischungen, die natürlich größtenteils schön versteckt über seine Frau Beate eintröpfelten. Es wurde kein Thema ausgelassen: Größe der verbauten Fläche, Anzahl und Ausrichtung der Zimmer, Bausubstanz, Heizungsart, Dachform, ... Keine einzige der von Beate und Anton gemeinsam erarbeiteten Lösungen, zu welchen sie sich beide innerhalb der gesteckten Rahmenbedingungen wie etwa der Kostenfrage und beider Vorstellungen der gemeinsamen Lebensführung verständigt haben, war gefeit davor, mindestens ein schwiegermütterliches Torpedo abzubekommen.

„Nein, also ohne eigenen Kellereingang vom Garten aus geht das gar nicht." Argumente, dass ein solcher nicht in Betracht kommt, weil das erstens ein unnötiges Sicherheitsrisiko darstellt hinsichtlich der Einbruchsgefahr, weil er zweitens ohnehin kaum genutzt wird – wie übrigens auch bei Schwiegermuttern selbst, die ihre Blumentöpfe im Herbst und Frühjahr nicht durch den separaten Kellereingang bringt, sondern dazu stets den gewöhnlichen Hauseingang benutzt – und daher unnötige Mehrkosten darstellt sowie weil dadurch drittens ein nicht unbeträchtlicher Teil des von Anton und Beate mühsam modellierten Gartenanteils auf einem Hanglagegrundstück verloren ginge, verhallten ungehört und wurden abgetan als Geschwätz eines Menschen, der eh keine Ahnung hat.

„Und das Haus ist ja viel zu klein", sprach die, die ständig jammerte, dass ihr Haus einfach zu groß sei, weil man aus dem Putzen nicht mehr herauskomme und keine Zeit mehr für sich habe. „Wozu braucht ihr im Obergeschoß so viele Zimmer?", sprach sie gleichzeitig, schön im Widerspruch zur Kritik, dass das Haus zu klein sei – wobei natürlich auch hier Beate, offenbar gefangen in ihrer Rolle der artigen Tochter, nicht erkennen wollte, dass doch klar erkennbar sei, dass es hier schon längst nicht mehr um Sachlichkeit in Form konstruktiver Einbringung in ihrer beider Pläne geht, sondern um ein reines Machtspiel. „Also ein Kachelofen muss aber schon sein." „Also so ein Dach hätte ich niemals bauen dürfen." „Wieso baut's ihr so schnell?" – genial, dass Beate auch diese Kritik ungefiltert aufnahm und an Anton, angereichert um eigene Impulsivität, weiterreichte, gleichzeitig aber, schwanger mit ihrem zweiten Kind, sich nicht vorstellen konnte, mit zwei kleinen Kindern in ihrer beider Übergangswohnung im zweiten Stock eines Wohnhauses ohne Lift leben zu müssen.

Dass bei diesen bloß beispielhaft aus einer Unmenge weiterer gleich gelagerter Begebenheiten herausgepickten Vorkommnissen auch die Beziehung von Anton und Beate enormen Schaden nahm, war sowohl Beate, die das von der Dynamik her so gar nicht zu verstehen schien, als auch Antons Schwiegermutter sichtlich egal. Denn es gab ja eh auch schon eine Erklärung für ein offenbar einkalkuliertes Scheitern der Beziehung, wozu sogar der Kollateralschaden zweier Scheidungswaisen in Kauf genommen wurde: Anton passe einfach nicht zu Schwiegermutters Familie, Anton sei ganz offensichtlich krank und eine Gefahr. Oftmals stellte sich Anton die Frage, weshalb er sich das eigentlich alles antat. Aus Angst, sich eingestehen zu müssen, einen Fehler gemacht zu haben? Aus Liebe zu seiner Frau Beate, die ihn darüber hinwegsehen ließ und die Hoffnung nährte, das Ganze hätte einen höheren Sinn, und er könnte sich aus der ihm offenbar zugedachten Rolle, in die er sich zunehmend hineingezwängt fühlte, wieder befreien, ohne dabei seine Frau und seine beiden Kinder verlieren zu müssen? Oder war er wirklich krank?

Wie das neue Zuhause des soeben erst vereinten Paares auszusehen hat, welche Haushaltsgeräte welcher Marke zum Einsatz zu kommen haben, welcher der angemessene Platz für eine Waschmaschine ist, mit welchen Reinigungsmitteln in welchem Abstand zu putzen ist, welche Sachen doch in den Keller gehören, was unter gemütlicher Sitzecke zu verstehen ist, welche Temperatur zu herrschen hat und auf welche Weise diese zu erreichen ist … Eigentlich verwunderlich, wenn man da rein auf der Sachebene bleibt und sich so manche Wortmeldung für sich allein stehend betrachtet: Da ist jemand also tatsächlich Innenarchitekt und Putzexperte zugleich, genügt aber bei näherer Betrachtung der Bleibe der Schwiegermutter ganz offensichtlich nicht einmal selbst den eigenen Anforderungen. Da fordert jemand unter Pochen auf das verbriefte Naturrecht einer Mutter des Partners tatsächlich wertschätzendes Verhalten und unwidersprochenen Applaus und Gehorsam, hat aber die eigene Schwiegermutter selbst seit Jahrzehnten nicht mehr besucht, geschweige denn vernünftig und wertschätzend mit ihr gesprochen. Da bricht jemand mit nahezu seiner gesamten Umgebung, darunter auch zahlreiche eigene Familienmitglieder, weil er sich jede Einmengung in das eigene Leben und die Darstellung von Meinungen zu gemeinsamen Erfahrungen verbittet, wird aber nicht müde, jede Begebenheit in der jungen Partnerschaft des eigenen Kindes fordernd zu kommentieren, und schreckt dabei sogar nicht davor zurück, in die Internetkriminalität einzusteigen, um an Bruchstücke des intimen Gedankenaustausches zwischen dem eigenen Kind und dessen Partner heranzukommen, um so durch nicht weiter hinterfragte eigene Deutungen der erbeuteten Fragmente Nahrung für eine weitere Diabolisierung des Partners zu erhalten.

Was hier passiert, ist die klassische Eskalation eines Konfliktes. Ausgehend von Differenzen, zu denen das geeignete

Werkzeug fehlt, um diesen konstruktiv zu begegnen und dabei für beide Seiten Raum zu lassen, wird das Sichtfeld immer weiter verengt. In weiterer Konsequenz erfolgt, meist unbeabsichtigt, eine Infizierung des gesamten familiären Umfeldes. Der Manichäismus, der seine Wurzeln im 3. Jahrhundert findet und in seiner Blütezeit beinahe das Christentum verdrängt hätte, erlebt eine wundersame Wiedergeburt: Alles läuft auf die zentrale Dynamik hinaus, dass die Schwiegermutter in der festen eigenen Überzeugung, sich selbst ansonsten als das nunmehr überspitzt gut empfundene Wesen infrage stellen zu müssen, das Anderssein des Partners des eigenen Kindes übertrieben diabolisiert – und umgekehrt. Je weniger Angriffsfläche der andere dabei bietet, umso drastischer wird die eigene Verherrlichung ausfallen müssen, um auf dem Level des Übels, das man im selbst zurechtgerichteten Bild des Gegenübers ebenso drastisch herbeigerufen hat, auch weiterhin eine Bestätigung der festgefahrenen Meinung zu erhalten.

Kann man aus diesem Kreislauf ausbrechen? Welche Möglichkeiten – sofern es diese gibt – hat die Schwiegermutter, die ja nicht als Schwiegermutter geboren wurde, sondern sich nun in einer Rolle erlebt, die einfach mit Herausforderungen verbunden ist, zu welchen sie noch keine oder einfach noch zu ungenügende eigene und auch aus ihrer Ursprungsfamilie übertragene positive Resonanzen sammeln konnte? Welche Chancen und Risiken bestehen für das Kind der Schwiegermutter, das sich nun neben der weiterhin vorhandenen Stellung als Kind auch in einer Partnerrolle sieht? Ist es hier bloß zum Zuschauerdasein in diesem Konflikt verurteilt ohne aktive Möglichkeiten des Zutuns oder steckt es mittendrin in diesem Konflikt?

Und welche Chancen bestehen für das Schwiegerkind: Ist die soeben erst eingegangene Beziehung bereits chancenlos mit einem Termin beim Scheidungsrichter behaftet, ist sie verurteilt zur Tradierung des manichäischen Gedankenguts mit gleichzeitiger Resignation oder gibt es da noch „die andere Lösung"?

Der Dalai Lama gibt für derlei Situationen eine wichtige Empfehlung: „Wir sollten nicht auf geheimnisvolle Formeln hoffen, nicht auf ein Mantra oder ein Ritual. Ein Wandel erfolgt Schritt für Schritt, so wie beim Bau eines Gebäudes Ziegel für Ziegel gesetzt werden muss. Es gibt keine Abkürzungen." Und Konfuzius empfiehlt dazu ferner: „Hast Du es eilig, so verlangsame Deinen Schritt."

Die Stufen der Eskalation

Konflikt – was ist das überhaupt?

Tagtäglich ist ein sozial aktiver Mensch mit zahlreichen Situationen konfrontiert, in welchen verschiedene Ansichten oder verschiedene Zugänge zu Faktenlagen eine Herausforderung darstellen können. Es kommen dabei Differenzen zutage, die mehr oder weniger deutlich artikuliert werden. Dabei handelt es sich zunächst um rein auf der Sachebene auftretende Differenzen in der Wahrnehmung, die etwa begründet sein können auf verschiedenen Wissenslagen. In der Regel wird hier der Kommunikationsverlauf jedoch ohne weitere Komplikationen erfolgen: Es werden die verschiedenen Informationsstandpunkte ausgetauscht, und es stellt für keine Seite ein Problem dar, sich entweder auf eine gemeinsame Sichtweise zu einigen oder auch dem jeweils anderen zuzugestehen, einfach eine andere Wahrnehmung zu haben. Gespräche über den Wetterbericht etwa führen selten, selbst wenn von völlig konträren Vorinformationen ausgegangen wird, zu weiteren Komplikationen.

Ein Konflikt entsteht erst, wenn zumindest einer der beiden Kommunikationspartner sich emotional in das Thema verstrickt fühlt und die Artikulation einer anderen Sichtweise zu diesem Thema ihm als Behinderung seines selbstverwirklichten Denkens, Empfindens oder Wollens erscheint. Zur reinen Sachebene ist hier das Gefühl hinzugetreten; es geht plötzlich nicht nur um ein für einen außenstehenden Dritten hörbares Thema im Gespräch, es geht nunmehr auch um die Befriedigung eines Bedürfnisses: in leichteren Fällen dem nach Selbstverwirklichung, nach Anerkennung. Je grundlegender das von der zunächst bloß auf der Sachebene aufgetretenen Differenz involvierte biologische Grundbedürfnis ist, desto kritischer wird der weitere Verlauf der Austragung der Differenz auf das zwischenmenschliche Verhältnis ausstrahlen. Die Maslowsche Bedürfnispyramide (Abb. 1.1) geht dabei davon aus, dass ein Mensch, erst wenn er die Bedürfnisse auf einer Ebene erfüllt sieht, sich denen der nächsthöheren Ebene widmet. Körperliche Bedürfnisse bilden dabei die Basis, auf welcher der Reihe nach Sicherheits-, soziale, Anerkennungs- und Selbstverwirklichungsbedürfnisse aufbauen. Wird ein höherliegendes und stark ausgeprägtes Bedürfnis, etwa jenes nach einem sicheren Rahmen für die Lebensführung, nicht ausreichend befriedigt ohne die individuelle Aussicht auf Optionen zur Erlangung eines entsprechenden Rahmens,

Abb. 1.1 Die Maslowsche Bedürfnispyramide funktioniert ähnlich einem Kartenhaus. Möchte man zur Ebene der Selbstverwirklichung gelangen, so ist es erforderlich, die darunterliegenden Ebenen solide aufgebaut zu haben

so kann sich dies in somatischen Symptomen der verstärkten Erfüllung tieferer Bedürfnisse ausdrücken: Fehlt die Sicherheit in einem unerträglichen Ausmaß über einen längeren Zeitraum, so wird etwa dem körperlichen Bedürfnis nach Nahrung, nach Schlaf stärker und über Maßen nachgekommen: Dauermüdigkeit und Essstörungen können die Folge sein. Umgekehrt bedeutet dies aber auch, dass wenn Basisbedürfnisse in Gefahr oder nicht befriedigt sind, Angebote einer höheren Bedürfnisebene nicht angenommen werden können und verpuffen. Hat ein Mensch etwa Hunger, so wird man ihm Wertschätzung ausdrücken können, so viel man will – sie wird nicht aufgenommen werden können, bis eine ausreichende Nahrungsaufnahme erfolgt ist; fühlt ein Mensch sich nicht im benötigten Ausmaß in eine Gruppe integriert, so wird sich kein nachhaltiges Gefühl der Zufriedenheit in ihm einstellen können, wenn ihm Mitglieder dieser Gruppe Anerkennung für eine Leistung schenken – im Gegenteil kann sich ganz schnell ein gegenteiliges Gefühl einstellen, wenngleich damit im Regelfall dem eigentlichen Bedürfnis widersprechende Verhaltensweisen verbunden sein werden.

Ein weiterer Faktor ist auch die emotionale Abhängigkeit von dem Menschen, welcher als Hürde bei der Erfüllung eines selbstverwirklichten Denkens, Empfindens oder Wollens zu einer Wahrnehmung empfunden wird. Je höher die empfundene Abhängigkeit zu einem Menschen ist, desto leichter werden Differenzen in Konflikte münden, da es zunehmend schwerer fällt, unterschiedliche Wahrnehmungen und Standpunkte als solche zu belassen, ohne ihnen ein bedürfnisgefährdendes Potenzial zuzuschreiben. Manipulation ist dabei Tür und Tor geöffnet.

Gedankenkino

Claudia und Thomas beschließen, sich ein verlängertes Wochenende in Paris zu gönnen. Thomas hat alles geplant und die Vorbereitungen abgeschlossen: Routenplanung, Hotelreservierung, mögliche Tagesprogramme mit Unterhaltungswert auch für die Kinder wie etwa das Disney Ressort ... Claudia freut sich bereits auf den Tapetenwechsel und die neuen Eindrücke, die sie wird sammeln können. Nach Paris wollte sie immer schon, und ein Kontrastprogramm zum Stress der vergangenen Monate kann sicher nicht schaden.

Claudia informiert ihre Mutter. Diese ist gegen die Reise und führt dazu Gründe an: die hohen Kosten, die noch zu kleinen Kinder. Auf sachlicher Ebene: eine klassische Differenz. Während Claudia und Thomas sich nach der Fertigstellung des kräfteraubenden Hausbaus, der Geburt ihrer beiden Kinder und dem dadurch angespannten Alltag nach einem gemeinsam erlebten Abenteuer jenseits des Alltagstrotts sehnen und in einer solchen Reise eine gute Möglichkeit dafür erkennen, sieht die Mutter Claudias die Kosten und die Strapazen einer solchen Reise im Vordergrund. Beides vertretbare Standpunkte. Man könnte daher meinen, dass es beiden Akteuren möglich sein sollte, ohne große Schwierigkeiten den Austausch der Sichtweisen abzuschließen.

Wenn da nicht eine emotionale Betroffenheit ins Spiel käme: Claudia unterhält eine sehr enge Beziehung zu ihrer Mutter und ist es gewohnt, nichts ohne ihre Zustimmung zu unternehmen. Sie sieht somit ihr eigenes Lebensglück in einer großen Abhängigkeit vom Wohlwollen ihrer Mutter. Im gegenständlichen Fall steht sie also im Dilemma: Erfüllung ihres eigenen Bedürfnisses, mit ihrem Mann und ihren Kindern mal kurz aus dem Alltag auszubrechen, neue Eindrücke als Familie zu sammeln und damit nach all dem Stress der vergangenen Monate der Familie einen neuen sicheren Beziehungsrahmen zu geben, oder den Einwänden der Mutter Rechnung tragen und damit jede Gefährdung des Beziehungsrahmens zur Mutter unterbinden. Diese Spannung tritt natürlich in Wechselbeziehung zur Beziehung zwischen Thomas und Claudia, aber auch Thomas und der Schwiegermutter. Ein Konflikt ist geboren, und es kann davon ausgegangen werden, dass die Reise, sollte sie ohne eine Aufarbeitung zwischen allen Beteiligten realisiert werden, zu einem emotionalen Desaster für Claudia und Thomas führen wird, obwohl die Ausgangsdifferenz gar nicht zwischen den beiden gelegen war.

Von einem Konflikt ist also auszugehen, wenn zwei oder mehrere Menschen in ihrer Wahrnehmung unterschiedliche Zugänge haben, welche dabei mindestens einen der Beteiligten in seinem selbstverwirklichten Denken, Empfinden oder Wollen behindern. Ein Konflikt ist dabei zunehmend von einer Regression des Menschen in seinen Verhaltensweisen, mit denen er sein Denken, Fühlen und Wollen zum von seiner Persönlichkeit getragenen Ausdruck bringt, begleitet. „Man kommt sich vor wie im Kindergarten" trifft diese im fortgeschrittenen Konfliktstadium von außen leicht bemerkbare Verhaltensänderung vortrefflich, da die Akteure bei fortschreitender Konflikteskalation unbeschadet ihres tatsächlichen Lebensalters in pubertäre, präpubertäre oder sogar kleinkindliche Verhaltensmuster zurückfallen.

Konflikte können unterkühlt oder überhitzt oder auch mit wechselnden Anteilen aus diesen beiden Kategorien geführt werden. Während der überhitzte Konfliktstil sich dadurch bemerkbar macht, dass Wut und Ärger offen gezeigt werden, allgemein den negativen Gefühlen deutlich und in oftmals überspitzter Form Ausdruck verliehen wird, kann der unterkühlte, eher als kopflastig bezeichnete Konfliktstil den Akteur rasch in Depressionszustände führen: Statt der Explosionen des heißen Konfliktstils, die es gleichsam einem reinigenden Gewitter möglich machen, emotionalen Stau abzulassen, führt kalter Konfliktstil, bei welchem der Akteur darauf bedacht ist, keine Gefühlsausbrüche zuzulassen und sich hinter dem System zu verstecken (*„Nicht ich habe ein Problem mit dir – es ist ein objektives Kriterium, das es einfach gebietet, dein Verhalten zu verurteilen!"*), rasch zu Implosionen. Diese lassen über dadurch ausgelöste Ohnmachtsgefühle die Grundstimmung zunehmend zu einem lebensfeindlichen Terrain ohne Verschnaufpause werden.

Beiden Konfliktstilen wohnen dabei positive Aspekte inne, beiden aber auch lösungserschwerende Elemente, welche vor allem dann schlagend werden, wenn sie über einen längeren Zeitraum hin exklusiv und überspitzt praktiziert wirken. Während der unterkühlte Konfliktstil den Vorteil mit sich bringt, dass sehr vernunftbezogen agiert wird – kaum ein Konfliktgespräch wird hier eingegangen, das nicht minutiös vorbereitet wird –, hat er gleichzeitig einen enormen Nachteil: Es bleibt kaum Raum, Emotionen auszudrücken. Diese werden daher unterdrückt, womit sie aber keinesfalls an Existenzgewalt verlieren, sondern sich in enormer Impulsivität in ein Vorantreiben des Konfliktes sowie auch gegen den Akteur selbst entfalten. Dies geschieht scheinbar von außen unbemerkt: Lediglich sehr empathische Menschen erkennen hier von außen, *„dass einem in Gegenwart dieses Menschen fröstelt"*. Das Unwohlbefinden des Akteurs beginnt bei höherem Eskalationsgrad oder bei längerem Andauern des Konfliktes auch somatische Wirkungen zu entfachen. Neben zunehmenden psychischen Beeinträchtigungen beginnen auch zum Teil schwerwiegende Erkrankungssymptome aufzutreten, an denen selbstverständlich dem Konfliktpartner die Schuld gegeben wird. *„Ich kann gar nicht mehr ruhig schlafen"* ist da noch die harmloseste Form eines Nebenresultats aus einem unterkühlt geführten Konflikt, welches natürlich auch gerne als Koalitionswerben gegen den Konfliktpartner eingesetzt wird: Immerhin ist ja er die Ursache, also gilt es doch für das Umfeld, Mitleid zu haben und die Ursache mit zu bekämpfen – oder auch Farbe zu bekennen, was natürlich zu einem Bruch führen muss.

Beim überhitzt geführten Konflikt gelingt es dem Akteur hingegen, diese enorme Gewalt der auftretenden Emotionen abzulassen. Damit kann er sich zwar besser selbst vor Schaden bewahren, agiert daher reinigender im Hinblick auf seine Psychohygiene, zumal so eine förmliche Explosion gleichsam die Funktion eines reinigenden Gewitters haben kann, gleichzeitig kann aber in der Außenbeziehung sehr viel zu Bruch gehen. Es fehlt in solchen Phasen der überhitzten Konfliktführung in einem großen Maß die Fähigkeit, auf Sachebene, also vernunftgesteuert zu agieren. Ein Umstand, der bei anhaltend überhitzt geführten Konflikten ebenfalls nicht geeignet erscheint, eine Lösung zu erleichtern.

Glasl hat aus der Beschreibung internationaler Konflikte in ihrem Verlauf ein neunstufiges Modell entwickelt (Abb. 1.2). Dieses kann mit diversen Abwandlungen auf nahezu alle Bereiche des Lebens übertragen werden, in welchen interpersonelle Konfliktsituationen entstehen.

Der Zugang von Menschen zu Konflikten ist im Allgemeinen ein sehr individueller und unterschiedlicher. Konfliktscheue Menschen etwa werden scheinbar aus jeder Konfliktsituation flüchten, während konfliktfreudige Menschen im Extremfall ständig auf der Suche nach Möglichkeiten sind, Konflikte anzuzetteln und danach auszutragen. Auch ist zu beobachten, dass neben den bereits genannten Konfliktstilen der Unterkühlung oder der Überhitzung konstruktive oder destruktive Elemente in der Konfliktkultur ausgeprägter zutage treten. Das Eskalationsmodell ist daher lediglich eine Orientierungshilfe, um einschätzen zu können, in welcher Form ein konstruktives Ende desselben unter Einbezug der Interessen aller Beteiligten gefunden werden kann. Es ist daher wichtig, stets im Hinterkopf zu behalten, dass kein Konflikt dem anderen gleicht, wie auch kein Mensch dem anderen in allen Punkten gleichen kann und wird. Je nach Persönlichkeit der Akteure werden einige Stufen intensiver wahrgenommen und erlebt, andere weniger. Allgemein beobachtet werden kann allerdings, dass ab einem bestimmten Eskalationsgrad, welcher schematisch wohl zwischen Stufe 3 und 4 des Modells liegen wird, die Fähigkeit der Akteure, selbstbestimmt und eigenverant-

22 Der Tiger und die Schwiegermutter

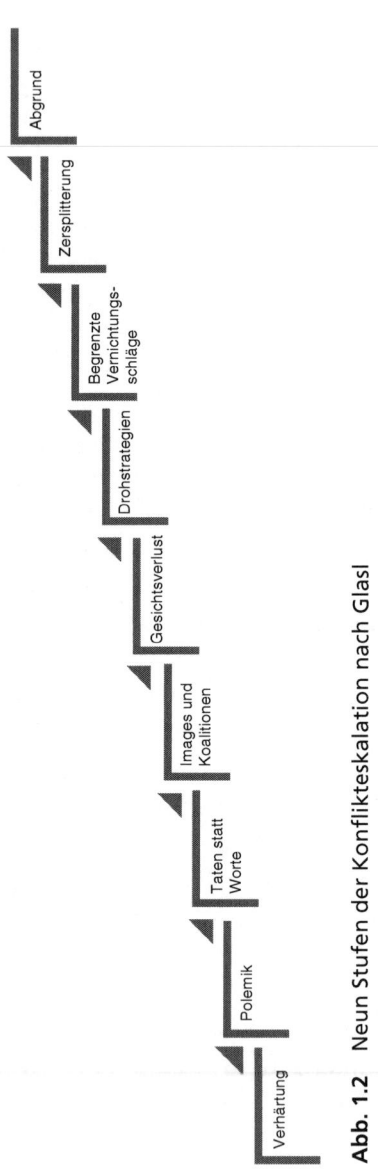

Abb. 1.2 Neun Stufen der Konflikteskalation nach Glasl

wortlich aufzutreten und die Konsequenzen des eigenen Handelns abschätzen und verantworten zu können, rapide abnimmt. Ab diesem Punkt kann davon gesprochen werden, dass nicht die Akteure einen Konflikt haben, sondern der Konflikt die Akteure hat. Die Akteure beginnen wie ferngesteuert, wie fremdbestimmt, vergleichbar mit Reflexen zu agieren und dies zunehmend auch als unangenehme Einschränkung ihrer Möglichkeiten zu empfinden.

Intrapersonelle Konflikte, auf welche hier nur am Rande eingegangen werden soll, sind davon grundlegend zu unterscheiden, wobei diese in ihrer Bedeutung allerdings ebenfalls nicht unterschätzt werden dürfen, da sie weitreichende Auswirkungen auf das gesamte persönliche Wohlbefinden nehmen können bis hin zu psychosomatischen körperlichen Beschwerden. Interpersonelle Konflikte können, vor allem bei einem unterkühlten Konfliktstil und den dabei rasch erlebten Ohnmachtszuständen und auch gegen sich selbst gerichteten Aggressionen, rasch zu intrapersonellen Konflikten führen, die sich in Depressionen und Burn-out manifestieren. Anzeichen dafür, dass hier therapeutische Hilfe in Anspruch genommen werden muss, unbeschadet der zur Konfliktlösung einzusetzenden Schritte, ist beispielsweise, dass die beschriebenen Regressionen im Verhalten nicht bloß gegenüber dem anderen am Konflikt beteiligten Akteur auftreten, sondern auch in vollkommen unbeteiligten Alltagssituationen.

Stufe 1: Verhärtung

Die ersten ernsteren Spannungen entstehen, wenn Schwiegerkind und Schwiegermutter auf die ersten Interessen stoßen, welche für sie mit einem anderen Zugang behaftet sind. Einem Zugang, der sie Positionen einnehmen lässt, die auf den ersten Blick unvereinbar erscheinen. Unvereinbar, obwohl beide es für erforderlich sehen würden, nicht zuletzt auch zum Wohle des Kindes beziehungsweise Partners einen gemeinsamen Nenner zu finden. Meist sind es Ansichten zu Freizeitgestaltung, Anzahl und Ausgestaltung der gegenseitigen Besuche, die Intensität der Aufrechterhaltung des Kontaktes zur jeweiligen Herkunftsfamilie, Ausstattung und Einrichtung des gemeinsamen Zuhauses des Paares, der berufliche Werdegang, Umgang mit den Finanzen, Definition gegenseitiger Erwartungshaltungen, was die gegenseitige Unterstützung angeht, Familienplanung, Kindererziehung oder die Haushaltsführung, welche für mindestens einen der beiden Akteure Unterschiede in Wahrnehmung, Denken, Fühlen und Wollen aufkommen lassen, die in einer Art erlebt werden, dass es dem anderen Akteur so scheint, als wäre die Möglichkeit der Selbstverwirklichung zumindest im angesprochenen Themenbereich in Gefahr. *„Ich habe mir das für mein Kind anders vorgestellt, so geht das nicht"*, mag sich die Schwiegermutter sagen, wenn sie bemerkt, dass das junge Paar drauf und dran ist, in der persönlichen Familienplanung vorzusehen, drei Kindern Eltern werden zu wollen, wobei das eigene Kind hier für die ersten Betreuungsjahre das berufliche Fortkommen zurückstecken möchte. *„Was geht das meine Schwiegermutter überhaupt an, wieso mischt sie sich hier überhaupt ein?"*, mag sich das Schwiegerkind denken.

Mindestens eine Seite kann sich nun gezwungen sehen, den eigenen Standpunkt immer und immer wieder vorzubringen und auch aus verschiedenen Perspektiven

Argumente einzuwerfen mit dem hier noch bestehenden Wunsch, eine gemeinsame Lösung zu finden, auf der aufbauend ein friedliches Miteinander auch zu diesen für mindestens einen der beiden Akteure schwierig erscheinenden Themen aussichtsreich erscheint. Die beiden sind getragen von Respekt voreinander, hegen beide den Wunsch, den anderen zu überzeugen – nicht zu besiegen – oder zumindest Argumente zu erhalten, die eine von der ursprünglichen Positionierung abweichende gemeinsame Meinung lebbar erscheinen lässt ohne das Gefühl, sich dabei untreu werden zu müssen.

Beide Seiten sind so weit Herr der Lage, dass sie auch erkennen können bei wechselseitigem Anstoßen der kreativen Fähigkeiten, dass es weit mehr als die beiden geäußerten, unvereinbar erscheinenden Haltungen gibt. Noch wird auch sowohl von der Schwiegermutter als auch vom Schwiegerkind darauf geachtet, Kind beziehungsweise Partner nicht in den Konflikt hineinzuziehen. Ein Ausscheiden aus einem weiteren Fortschreiten auf der Leiter der Eskalationsstufen ist daher noch ohne große Anstrengung möglich; beide Seiten sind auch, sofern sie sich dessen bewusst sind, einen Konflikt zu haben, davon überzeugt, diesen ohne Hilfe wieder beilegen zu können.

Gedankenkino

Hans schildert seinen Umgang mit Menschen als sehr herzlich und emotional. So ist es für ihn selbstverständlich, Menschen aus seinem engeren sozialen Umfeld sehr herzlich zu begrüßen, der Austausch eines Wangenkusses mit Vertretern des anderen Geschlechts beziehungsweise ein Handshake mit Umarmung bei gleichgeschlechtlichen Freunden stellt für ihn eine

> Selbstverständlichkeit dar. Ulrike hingegen ist nach ihrer Wahrnehmung in einer eher auf körperlichen und auch emotionalen Abstand bedachten Familie aufgewachsen. Zwischen Hans und Ulrike gab es aus der Entwicklung der körperlichen Seite ihrer Beziehung heraus erwartungsgemäß zunächst keine Spannungen, die aus dieser Unterschiedlichkeit in der Herkunft resultiert hätten. Bei Familienfesten jedoch wurden diese Unterschiede immer sehr deutlich – für beide Seiten: Zwar ist beiden klar, dass diese nach außen tretenden Zeichen der Einstellung für die Beziehung zueinander nichts zu bedeuten haben, dennoch kommt es immer wieder einmal zu Ausrutschern, wo Hans an Ulrikes Familie bemängelt, dass diese „kalte Fische" seien, während Ulrikes Familie der Offenheit von Hans Aufdringlichkeit attestiert. Beide Seiten sind daher zunehmend verspannt in Gedanken an das nächste Aufeinandertreffen, schaffen es aber dennoch, in anderen Bereichen wertschätzende Kommunikation zu pflegen und einander die Andersartigkeit zuzugestehen.

Bei Nichtgelingen einer Übereinkunft zu einem gemeinsam tragbaren Zugang kann allerdings je nach Betroffenheit des sich in seinem Wollen, Fühlen, Denken und Wahrnehmen übergangen sehenden Akteurs, seiner unter Umständen (familien-)geschichtlichen Verstrickung mit dem Thema sowie den eigenen eingeprägten Verhaltensmustern im Umgang mit einer solchen Situation eine zunehmende Verhärtung des mikrosozialen Klimas zwischen den beiden Personen eintreten.

Einerseits besteht nun die Gefahr, dass eine Streitlawine losgetreten wird mit einer Infektion der Verhärtung dieser einen Konfliktfrage auf weitere Themenbereiche. Andererseits stehen die beiden Konfliktparteien aber erst an der Schwelle zur zweiten Eskalationsstufe. Noch nicht weiter tragisch, zumal auch dann noch relativ wenig Anstrengung notwendig sein wird, den Konflikt wieder beizulegen und dabei sogar beiden – Schwiegermutter wie auch Schwiegerkind – sehr gute Chancen einzuräumen, nicht nur interpersonell, sondern auch intrapersonell bereichert daraus hervorzugehen.

Stufe 2: Polemik

Nun beginnt die Sachfrage der Auseinandersetzung sich aus dem Vordergrund des Gespräches zurückzuziehen. War es zunächst noch Absicht beider Akteure, die Kommunikation auf der Sachebene abzuhalten, so beginnt nunmehr der Gesichtspunkt sich zunehmend an taktischen Grundsätzen zu orientieren, die geeignet erscheinen, sich selbst in ein besseres und das Gegenüber in ein schlechteres Licht zu rücken. Es werden plötzlich simplifizierte Aussagen über die Eigenschaften des anderen als vermeintliche Begründung für die Uneinsichtigkeit des Findens einer gemeinsamen Lösung getätigt. *„Klar kannst du das nicht so sehen, wo du doch alles immer so schnell angehen musst."* Ohnehin bestehende gemeinsame Ansätze zu einem Thema, im Extremfall sogar das Vorliegen eines gemeinsamen Interesses, das halt einfach nur von verschiedenen Blickpunkten aus verfolgt werden will, geraten zunehmend aus dem Blickfeld.

Mit Argusaugen wird nun auch gegenseitig beobachtet, ob aus der Ebene der Metakommunikation vermeintliche Hinweise abgeleitet werden können, die im Widerspruch zum Gesagten stehen. Das persönliche Alarmsystem ist aktiviert, die Bereitschaft und auch Fähigkeit, dem anderen Zugeständnisse zu machen, sinkt zunehmend. Es beginnt das Sammeln von Informationen zu vermeintlichen Schwachstellen des Gegenübers mit der steigenden Bereitschaft, diese auch in der Debatte zu verwenden.

> **Gedankenkino**
>
> Nach einem gemeinsamen Mittagessen im erweiterten Familienkreis räumt Barbara den Mittagstisch ab und fragt in die Runde, wer denn einen Kaffee wolle. Friederike, die Mutter von Barbaras Ehemann Klaus, meint auf die Frage seufzend, dass es halt heutzutage offenbar nicht mehr üblich sei, die Bedürfnisse seiner eigenen Familie zu kennen – denn sonst hätte sich diese Frage doch im Hinblick auf ihre Gastritis, die ihr bloß Tee zu trinken erlaubt, erübrigt.

Selbst eine Entschuldigung wird nun bereits zu einer Herausforderung, möchte man durch eine solche den Streit nicht weiter eskalieren. Da mit Fortschreiten des Konfliktes auf der Eskalationsleiter das Empathievermögen reziprok abnimmt, laufen die Konfliktparteien nämlich Gefahr, durch eine unbedachte Wortwahl genau das Gegenteil einer annehmbaren Entschuldigung zu formulieren. Ein *„Es tut mir leid, dass ich dich offenbar in die Enge getrieben habe"* wird beispielsweise sehr rasch als sprichwörtliches „shit on cream" aufgefasst: Zwar täte eine Entschuldigung als solche gleichsam einer Eistüte an einem heißen Sommertag dem getroffenen Akteur gut, doch die Beifügung der Beschreibung einer unterstellten Emotion vermittelt einen fäkaliengleichen Nachgeschmack; meint der entschuldigende Akteur es wirklich ernst, oder möchte er nicht doch nur seinen Triumph einer Überlegenheit auskosten?

Stufe 3: Taten statt Worte

Bisher war das Verhalten auf allen Seiten noch gezeichnet von sachlichen Bemühungen, zu einer oder mittlerweile wohl eher bereits zu einer Vielzahl von Fragen eine gemeinsame Basis zu finden, bei welcher keiner der beiden Akteure ein Problem in der Verwirklichung der eigenen Individualität in der Lebensführung sieht. Es wurde mit vielen Worten um die Durchsetzung des eigenen Standpunktes gekämpft und auch die ersten Provokationen auf Ebene des Angriffes auf die Persönlichkeit des Gegenübers fanden statt: Dabei gab es bereits die ersten polemischen Anspielungen auf Eigenschaften, die als Persönlichkeitsdefizit betrachtet werden und die damit als eine logische Begründung für die Andersartigkeit in den thematisierten Bereichen der Wahrnehmung, des Fühlens, des Denkens und des Wollens angeführt werden. Da jedoch all das nicht zum Ziel – nämlich der Durchsetzung des eigenen Standpunktes – geführt hat, ändert sich nun die Tagesordnung: Es werden die ersten Tatsachen geschaffen, mit denen dem Gegenüber zu verstehen gegeben werden soll, was es davon hat, nicht nachgeben zu wollen. Wäre es nicht das Leben, das derlei Geschichten schreibt und die Betroffenen in eine Bedrohung der intrapersönlichen Integrität zu stürzen vermag, so wären diese Taten ja zum Großteil kabarettreif, da sie Justamentargumenten folgen, welche sich zum Teil in der Ausführung nicht einmal mehr mit dem wahren Wollen der handelnden Person decken: Das Schwiegerkind verlässt wortlos das Zimmer und zieht sich in den Hobbykeller zurück, wenn die Schwiegermutter wieder einmal unangekündigt vor der Türe steht; die Schwiegermutter beobachtet untätig, wie das Schwiegerkind sich gerade damit abmüht, den schreienden Säugling zu beruhigen; die Schwiegermutter vergisst geflissentlich bei der gemeinsamen Weihnachtsfeier ein Geschenk für das Schwiegerkind; das Schwiegerkind verzichtet darauf, die Schwiegermutter vom nächsten Familienurlaub zu informieren.

> **Gedankenkino**
>
> Tinas Schwiegermutter hat irgendwann begonnen, zu Essenseinladungen selbst zubereitete Mahlzeiten mitzunehmen, und zwar jeweils zwei Portionen: eine für sich selbst und eine für ihren Sohn. Egal wie viel Mühe sich Tina gab, den ihr bekannten Geschmack ihrer Schwiegermutter zu treffen bei der Zubereitung des Gastmahles, stets bestand ihre Schwiegermutter mit einem Seufzer, dass Frauen heutzutage halt nicht mehr verstünden, echte Hausmannskost zu kochen, darauf, dass ihr Sohn und sie die mitgebrachten Speisen vorziehen.
>
> ***
>
> Elke wiederum berichtet von ähnlichen Erfahrungen im Zusammenhang mit der Schmutzwäsche ihres Mannes; Woche für Woche stand die Mutter ihres Mannes in der Wohnung, um die getragene Kleidung ihres Sohnes zusammenzusammeln und die frisch gebügelten Hemden im Austausch mitzubringen. Einmal ging es sogar so weit, dass sie auch darauf bestand, die bereits zum Trocknen aufgehängten Hemden wieder abzunehmen, da es halt wichtig sei, dass der Bub perfekte Wäsche trage.

Mit ein wenig Einfühlungsvermögen wäre es sehr leicht, zu erkennen, was hier der Antrieb der handelnden Person ist: Sie wünscht sich nun nicht nur Verständnis, sie benötigt es sogar ganz essenziell, ein Signal des Verstandenwerdens von ihrem Gegenüber zu erhalten. Mit den auf dieser Eskalationsstufe stattfindenden Handlungen, die für außenstehende Unbeteiligte absolut irrational und nahezu skurril anmuten, soll signalisiert werden: So erkenne doch endlich, ich will verstanden werden – auch wenn du nicht einverstanden sein kannst. Das Dramatische daran ist allerdings, dass die Beteiligten nun zunehmend nicht mehr in der Lage sind, Empathie zu üben. Zwar ist es noch nicht unmöglich, dass die Beteiligten sich selbst am Krawattl packen und aus der Konfliktspirale rausziehen, die sich nun bald bedrohlich zu drehen beginnen könnte. Doch mittlerweile bedarf es dazu eines enormen Kraftaktes an Selbstkenntnis und Selbstdisziplin.

Stufe 4: Images und Koalitionen

Konnte sich der Partner beziehungsweise das Kind bislang noch mit etwas Geschick aus dem Konflikt zwischen Schwiegermutter und Schwiegerkind heraushalten, so wird das nun zunehmend unmöglich. Sehr wahrscheinlich ist spätestens jetzt der Konflikt auch Gesprächsthema des Paares, welches auch zunehmend andere Kommunikationsthemen erschwert und verdrängt. Die Schwiegermutter wird spätestens jetzt zunehmend danach trachten, vom eigenen Kind Solidarität gegen das Schwiegerkind einzufordern, das Schwiegerkind seinerseits wird vom Partner zunehmend Unterstützung und Verständnis für die eigene Sichtweise des Konfliktes und seiner Entstehung erwarten.

Jedenfalls wird der Konflikt nun nach außen getragen in Erzählungen. Das Selbstwertgefühl von beiden, Schwiegermutter und Schwiegerkind, ist bereits ramponiert. Beide haben nun bereits dringend Bestätigung von außen dafür nötig, „okay" zu sein. Beide benötigen Bestätigung und Bestärkung, richtig zu liegen. Es geht dabei aber längst nicht mehr um bloße Sympathie für den eigenen Standpunkt, es geht mittlerweile auch darum, den anderen schlecht zu machen.

Dieser solchermaßen gebildete Kriegsrat mit Freunden und Mitgliedern der eigenen Herkunftsfamilie beginnt nun regelmäßig zu tagen, und diese Allianzen beginnen, eine eigene Dynamik zu entwickeln. Plötzlich bilden sich Lager, die selbst vor den Grenzen der Herkunftsfamilien nicht Halt machen, da nun auch die offenen Rechnungen anderer, bisher am Konflikt vollkommen unbeteiligter Personen mit einem der beiden Konfliktgegner wieder aus der unverarbeiteten Vergangenheit hervorgekramt werden, zumal der Zeitpunkt gut scheint, in der Geschlossenheit einer Gruppe auch diese offenen Punkte zu sühnen: Plötzlich erkennt etwa der Schwager der Schwiegermutter, dass er doch auch nie wirklich respektvoll in der Familie aufgenommen wurde von der Schwiegermutter und die verdrängte, weil nie ausgesprochene Kränkung darüber treibt ihn an, sich offen auf die Seite des Schwiegerkindes zu stellen. Gar nicht mal so sehr, weil es wirklich um den gegenwärtigen Konflikt geht – der im Übrigen durch derlei Aktionen nur noch weiter angeheizt, sicher aber nicht deeskaliert wird –, sondern eigentlich vielmehr, um die Gelegenheit in eigener Sache zu nutzen.

Besonders brenzlig ist diese Konfliktphase nicht nur für den Partner, sondern auch für dessen allfällige Geschwister. Zu naheliegend ist es, dass die Schwiegermutter nämlich in ihrer Mutterrolle voraussetzt, dass ihre Kinder auf ihrer Seite zu stehen haben. Es laufen nun also sämtliche Bande im erweiterten Familiensystem Gefahr, einer Zerreißprobe ausgesetzt zu werden, da oftmals mehr oder weniger deutlich zu verstehen gegeben wird: Bist Du nicht für mich, so bist Du gegen mich.

Diese für das Erreichen einer Lösung kontraproduktive Ausweitung des Kreises betroffener Personen ist wohl zu einem großen Teil auf das in unserem Kulturkreis vorherrschende Normensystem mit vier Axiomen der Logik zurückzuführen: Jede Norm bedarf einer Eindeutigkeit, zwei Normen dürfen einander nicht widersprechen, zwischen den Normen muss es eine Unter- und Überordnung geben, und es bedarf eines einsichtigen Grundes für die Einhaltung der Norm. Dieser kulturellen Besonderheit ist es wohl zu verdanken, dass beide Akteure in der fortgeschrittenen Konfliktsituation aus ihrem gewachsenen Sicherheitsbedürfnis heraus danach trachten, einen normativ abgesicherten Rahmen aufzubauen, innerhalb dessen sie sich nun bewegen wollen, gleichsam einem Schützengraben, von dem man sich verspricht, darin Schutz vor den Angriffen des Gegenübers zu haben. Instinktiv werden daher die Situation und das Umfeld eingeteilt in sicher und unsicher, in auf meiner Seite stehend und in auf der anderen Seite stehend. Es werden eindeutige Bezeugungen vorausgesetzt und abverlangt, dass die eigene Position, die eigene Wahrheit die einzig richtige ist; es wird dazu ganz klar vorausgesetzt, dass damit die Wahrheit des widerstreitenden Konfliktpartners zu verdammen ist und alle allenfalls abseits des Konfliktes gemachten Erfahrungen, die dieser Einteilung widersprechen könnten, beiseite zu schieben sind. Diese Koalitionsfrage wird dabei zumindest indirekt zur Beziehungsfrage erhoben, denn es wird als klar vorausgesetzt, dass eine Unterstützungsbekundung erforderlich ist, um die bisher gute Beziehung zu bestätigen; gegenteiliges Verhalten wird dabei rasch als tiefgehende Beleidigung empfunden, welche dazu zwingt, die gesamte, vom Konflikt eigentlich bislang gar nicht betroffene Beziehung zu hinterfragen.

Gedankenkino

Stefan verstand sich eigentlich immer sehr gut mit seiner Schwägerin. Es gab da von Beginn an ein besonderes Vertrauensverhältnis, und die beiden waren füreinander in lustigen, aber auch in sehr schwierigen Situationen gute Freunde und sparten nicht an gegenseitiger Hilfestellung – sei es durch bloßes aktives Zuhören, sei es auch durch Taten. Sie verstand es, Stefan nach so mancher emotional sehr schwer verständlichen Situation mit seiner Frau wieder aufzurichten, er wiederum war für sie da, um ihr beizustehen, wenn sie schwere Enttäuschungen im Freundeskreis oder in Ausbildung und Jobsuche nicht so leicht bewältigen zu können glaubte.

Als die Kommunikation mit seiner Schwiegermutter begann immer mühsamer zu werden, da sie zunehmend versuchte, in die Beziehung zu seiner Frau mit Vorschriften hineinzuregieren und dabei auch zunehmend abwertend gegenüber seiner Person wurde, schnitt ihn plötzlich, von einem Tag auf den anderen, auch seine Schwägerin. Das wurde etwa daran erkennbar, dass die geübte Reiterin und selbstbekennende Pferdeliebhaberin, die zur Zeit kein Pferd hatte, noch vor Kurzem zugesichert hatte, sich Stefan zuliebe, welcher Pferde bislang nur aus Westernfilmen kannte, um das Pferd seiner schwangeren und daher vorübergehend für die regelmäßige Bewegung und Pflege des Pferdes ausgefallenen Frau zu kümmern. Von einem Tag auf den anderen leugnete sie allerdings, dies jemals zugesagt zu haben, und verweigerte diese Unterstützung. Sie warf Stefan vor, von ihr Unmögliches zu verlangen, weil er verstehen wollte, weshalb sie eine zugesagte Unterstützung plötzlich doch nicht mehr erbringen wollte, und stellte die Kommunika-

> tion mit ihm ein. Nicht jedoch, ohne sich gleichzeitig darüber zu beschweren, wie unmöglich er doch sei. Auch mehrmalige Versuche der Bereinigung der ihm unverständlichen Änderung des Verhaltens waren zwecklos und mündeten nur in weitere Abwertungen seiner Person durch sie.

Es haben sich nun Wahrheiten auf beiden Seiten, in beiden Lagern gebildet. Schwiegermutter und Schwiegerkind stecken nun in ihren Schützengräben und haben sich dabei, ohne es zu merken, selbst sehr eingeschränkt in ihrer Bewegungsfreiheit und in ihrem Sichtfeld. Es bedarf bereits eines rationalen und emotionalen Kraftaktes, diese Selbstbeschneidung zu erkennen, und darüber hinaus selbst für den Fall dieser Selbsterkenntnis auch enormer charakterlicher Stärke, den Schützengraben zu verlassen. Ohne entsprechende Ermunterung von außen, ohne jemanden, der einen anderen sicheren Rahmen eines Gesprächstisches als Alternative zum bezogenen Schützengraben bietet, wird eine Lösung des Konfliktes bereits sehr schwerfallen. Zu sehr sind die beiden Akteure bereits auf die Vorstellung fixiert, dass der jeweils andere als Verlierer aus dem Konflikt herausgehen muss, möchte man selbst recht behalten.

Man hat es nicht zuletzt wegen der beginnenden Außenwirkung nicht mehr selbst in der Hand, dieses Konfliktes wieder Herr zu werden. Es stecken nunmehr auch andere Personen im Konflikt, die mit zu berücksichtigen sind bei einer Lösung. Einer Lösung, die hinsichtlich dieser Personen noch komplexer erscheint, zumal diese auf einem hohen Konfliktniveau einsteigen und dabei auf einseitige Wahrnehmungen der Konfliktentstehung und -geschichte aufbauen; auch die Motivation des Einstiegs dieser dritten

Personen macht die Lösung nicht gerade einfacher, denn nun spielen auch die eigenen zwischenmenschlichen Beziehungserfahrungen des Dritten zu den Konfliktpartnern hinein. Diese können vielfältig sein: Das Spektrum reicht hier vom Gefühl des Dritten, sich genötigt zu fühlen zum Einstieg, um nicht die ohnehin angeschlagene Beziehung zum Koalitionsempfänger weiter zu gefährden, bis hin zur Ergreifung der Gelegenheit, einen eigenen verdrängten Konflikt unter anderen Vorzeichen wieder aufleben zu lassen, um ihn endlich einer Lösung zuzuführen.

Auch intrapersonell beginnen die ersten Veränderungen: Selbstzweifel kommen auf, es wird die eigene Persönlichkeit in Teilbereichen infrage gestellt, man beginnt sich zu fragen, wie man denn auf die andere Person hereinfallen konnte.

Dass die Partnerschaft ohne hervorragende Kenntnisse der beiden Partner in Achtsamkeit und Abgrenzung nun zunehmend Gefahr läuft, in Mitleidenschaft gezogen zu werden, liegt wohl auf der Hand: Immerhin wird sich der Partner immer schwerer den Koalitionsbemühungen der eigenen Mutter und des eigenen Partners entziehen können. Auf der einen Seite wird die Mutter, ausgesprochen oder auch unausgesprochen, immer vehementer den Beistand zur Beziehungsfrage erheben, auf der anderen Seite wird es auch beim Partner auf wenig Verständnis stoßen, dass seiner Wahrheit nicht tatkräftig beigepflichtet wird. Es beginnen zunehmend die Beziehungen zueinander in Wechselwirkung zu treten (Abb. 1.3): die durch den Konflikt stark belastete Beziehung zwischen Schwiegermutter und Schwiegerkind auf der einen Seite und die durch Koalitionserwartungen und eigene Vorgeschichten geprägten

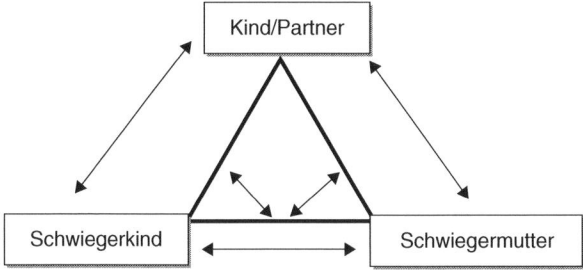

Abb. 1.3 Nicht nur die Personen treten zueinander in Beziehung (*äußere Pfeile*), auch die Beziehungen zwischen den Akteuren in diesem Dreieck beeinflussen einander wechselseitig (*innere Pfeile*)

Beziehungen zwischen Mutter und Kind sowie der beiden Partner zueinander auf der anderen Seite. Mit zunehmender Koalitionsstärke auf beiden Konfliktparteiseiten sind es darüber hinaus auch noch die jeweiligen Beziehungen der beiden zu den Dritten, die ebenfalls ihre Wirkung auf das System entfachen. Längst sind es nicht mehr nur die Personen, die aufeinander wirken: Zusätzlich – und wesentlich schwerer ausmachbar, da auch mit zahlreichen konfliktfremden Erfahrungen angereichert – wirken nun verstärkt auch die Beziehungen aufeinander.

Stufe 5: Gesichtsverlust

Bis zu diesem Zeitpunkt waren es noch Schwächen und Eigenschaften des Schwiegerkindes, welche die Schwiegermutter überzeichnet herangezogen hat zur Begründung der Notwendigkeit, diese Person zu bekämpfen. Und umgekehrt. Es waren dies die Tendenz, alles besser wissen zu wollen, die aufdringliche Hilfsbereitschaft, der naive Zugang zu Ratschlägen vermeintlicher Fachleute, die Unbeholfenheit im Umgang mit der Technik, Ungeschick im Umgang mit finanziellen Angelegenheiten, und es waren Lücken im Allgemeinwissen und unzählige andere als Schwächen bezeichenbare Eigenschaften, zu welchen, in richtiger kommunikativer und wertschätzender Verpackung, die betroffene Person bestätigen könnte, diese aufzuweisen – neben unzähligen positiven Begleiterscheinungen. Bisher waren all diese also durchaus reell mit der Person in Verbindung bringbaren Eigenschaften im Konfliktverlauf Basis des Bildes, das gezeichnet wurde – wenngleich zunehmend alleinige Basis unter Ausblendung aller positiven Merkmale und in zunehmender Überzeichnung bei gleichzeitiger Reduktion der Persönlichkeit auf dieses Bild.

Nunmehr wird dem Konfliktgegner selbst dieses Bild abgesprochen; die Schwiegermutter entpersonifiziert quasi das Schwiegerkind und sieht an dessen Stelle nur noch das Grundübel aller Unwegsamkeiten im eigenen Leben, das Schwiegerkind sieht in der Schwiegermutter nur noch den Schwiegerdrachen. Verachtung und Hass steigen in einem Ausmaß, dass daneben keinerlei Raum für andersartige Wahrnehmungen zu bleiben scheint, es beginnt die Daseinsfrage ins Zentrum aller Gedanken und Emotionen zu rücken: Das Gegenüber darf nicht gewinnen, zumal es als die personifizierte Unmoral gesehen wird. alle bisherigen Handlungen des anderen werden als Lüge, Berechnung, Manipulation und Betrug qualifiziert, und es wird keine Gelegenheit versäumt, dies nicht auch zu beweisen. Jede Bewegung, jedes Wort, jede Mimik – alles wird als Beweis dieser These so lange umgedeutet, bis es einfach gar nicht mehr anders gesehen werden kann. Im Rückblick auf Erinnerungen gemeinsam erlebter Situationen werden nun selbst diese umgedeutet, um weitere Beweise für die zum Ritual erhobene Mystifizierung des anderen zu erhalten.

> **Gedankenkino**
>
> Nora und Felix haben zu ihrer Hochzeit von Felix' Mutter einen Einrichtungsgutschein für ihre erste gemeinsame Küche erhalten. Bei der Übergabe hat sie den beiden, die damals eine wirkliche Freude hatten mit diesem brauchbaren Geschenk, viele gute Mahlzeiten gewünscht, die in dieser Küche zubereitet werden und die sie gemeinsam zu sich nehmen können. Als Jahre später die Stimmung zwischen Nora und ihrer Schwiegermutter immer schlechter wurde, begann Nora plötzlich diesen Gutschein als ein Omen dafür zu sehen, dass Felix' Mutter ja bereits damals etwas gegen sie gehabt habe: Schon damals habe sie ja bemängelt, dass Nora zu wenig Heimchen am Herd sei, schon damals habe sie sie verurteilt für die emanzipierte Rolle, die sie in Beziehung und Gesellschaft lebe. Ja, es liege vollkommen auf der Hand: Sie war immer schon ein Schwiegerdrachen, und sie, Nora, sei einfach nur dumm gewesen, das nicht rechtzeitig erkannt und gestoppt zu haben.
>
> ***
>
> Da Maria neuerdings getragen ist von der Überzeugung, dass ihr Schwiegersohn Hans immer schon so ein Ekelpaket war und sie sich zu Beginn der Beziehung zwischen ihm und ihrer Tochter einfach nur maßlos getäuscht hat in seinem gewinnenden Wesen, macht sie sich auf die Suche nach untrüglichen Beweisen, die ihr helfen, auch die Vergangenheit in diesem neuen Licht zu sehen. Dabei schreckt sie nicht einmal vor der Privatsphäre ihres Kindes zurück, indem sie sich in dessen Account eines Chatprogrammes einhackt, um in der privaten Kommunikation zwischen ihrer Tochter und Hans Anhaltspunkte zu finden für die Richtigkeit ihrer neuen Einschätzung des Schwiegersohnes. Tatsächlich wird sie fündig. Ein paar Wortfetzen da, ein paar Halbsätze dort, jeweils schön aus dem Zusammenhang gerissen, ergeben wunderbare Beweise dafür: Er war immer schon ein Ekelpaket. Maria hat es ja gewusst.

Der Partner beziehungsweise das Kind gerät nun ebenfalls zunehmend in massive Bedrängnis. Zumal die Schwiegermutter im Schwiegerkind nur noch den personifizierten Teufel zu sehen vermag, sieht sie es als ihre mütterliche Pflicht, ihr Kind zu retten; es muss aus den unmoralischen Fängen dieser Unperson befreit werden. Und dafür ist ein jedes Mittel Recht und wird auch zur Überzeugungsarbeit eingesetzt. War das eigene Kind bislang nur Informant, um an Schwachstellen und verwendbare Wortfetzen heranzukommen, die für die Stärkung der eigenen Position wichtige Munition darstellen, so ist es nun unter Ausnützung der mütterlichen Kenntnisse über die Persönlichkeit und anerzogene Verhaltensmuster dazu zu bringen, diesem Satan abzusagen: Es werden Ängste geschürt mit aus der Luft gegriffenen Fantasien, es wird die Mitleidsmasche gestrickt mit dem Appell an die kindliche Verpflichtung des Zusammenhaltes mit der mütterlichen Familie. Das eigene Kind wird dabei auch zur Waffe gegen das Schwiegerkind, Kollateralschäden an den Bedürfnissen des eigenen Kindes sowie allfälliger Enkelkinder werden als Blödsinn abgetan, zumal all dies als unumgänglich notwendig im Namen der alleinig moralischen Instanz in diesem Konflikt erscheint.

Gedankenkino

Alexa ist vollkommen verzweifelt. Natürlich hat sie mit ihrem Partner Sebastian auch schon mal Meinungsverschiedenheiten, aber dennoch haben sie immer noch einen gemeinsamen Weg gefunden. Alexas Mutter allerdings lässt kein gutes Haar an Sebastian. Jede freudige Erzählung über schöne Erlebnisse mit ihrem Partner wird zwar angehört, aber irgendwie scheint Alexas Mutter nur an Berichten über Streitigkeiten interessiert zu sein und auch nur diese zu realisieren. Als Alexa beispielsweise erzählte, wie schön sie es findet, wenn Sebastian sich total einfühlsam einbringt bei ihren Zukunftsplänen und dabei hilft, ihre Selbstzweifel und Ängste zu zerstreuen, schwenkte ihre Mutter nach einem kurzen „aha" um auf eine Diskussion über die Schwierigkeiten, täglich entscheiden zu müssen, was gekocht werde. Sobald aber Alexa anspricht, dass sie etwas an Sebastian stört, da ist ihre Mutter hellwach und wird nicht müde, an derlei Erlebnisse samt Kommentaren über den schlechten Charakter und die Ungeeignetheit als Partner bei jeder Gelegenheit wieder zu erinnern. Sebastian seinerseits ist ebenfalls bereits sehr gereizt, wenn zwischen Alexa und ihm das Gespräch auch nur im Entferntesten auf das Thema Schwiegermutter fällt. Alexa ist verzweifelt: Beide liebt sie, doch es wird für sie immer mühsamer, sich aus dem Konflikt herauszuhalten.

Stufe 6: Drohstrategien

Sofern das Schwiegerkind noch nicht Reißaus genommen hat, werden nunmehr offene Drohungen ausgesprochen, wobei möglichst grundlegende Bedürfnisse des Schwiegerkindes zur Zielscheibe erwählt werden. Die Androhung der Befassung der Polizei, von Gerichten und Behörden sowie des Dienstgebers des Schwiegerkindes mit zum Teil abstrusen Verdrehungen von Tatsachen samt allenfalls auch erfolgender Umsetzung dieser Drohungen stehen nunmehr auf der Tagesordnung.

Das Gefährliche an Drohungen ist, dass, einmal ausgesprochen, eine Selbstbindung eintritt. Um nämlich überhaupt erfolgreich sein zu können, muss eine Drohung gewissen Grundparametern entsprechen, wozu neben der zumindest theoretischen Erfüllbarkeit des bezweckten Verhaltens und der Betroffenheit des Bedrohten auch die Glaubhaftigkeit gehört: Damit eine Drohung ernst genommen werden kann, muss es glaubhaft erscheinen, dass den Worten Taten folgen. Thomas Schelling beschreibt das in „The Strategy of Conflict" mit folgenden Worten: „In der Regel muss man damit drohen, bestimmt und nicht bloß vielleicht zu handeln, wenn der Forderung nicht stattgegeben wird. Denn: vielleicht zu handeln bedeutet, dass man vielleicht nicht handeln wird – dass man sich nicht festgelegt hat." Wer eine Drohung ausspricht, nimmt sich daher in erster Linie selbst Handlungsspielraum, möchte er nicht in diesem bereits sehr hocheskalierten Konflikt selbst einen weiteren Beweis gegen die eigene Glaubwürdigkeit liefern.

Ein Dilemma, aus dem man kaum mehr alleine rausfindet, ohne der Drohung für den sehr wahrscheinlichen Fall der Nichtbefolgung Taten folgen zu lassen. Taten, die einen weiteren zwischenmenschlichen Schaden bewirken. Spätestens jetzt werden die Spuren auf dem Schlachtfeld auch für Außenstehende deutlich sichtbar: Es werden Drohpotenzialien der sozialen Ächtung bei öffentlichen Veranstaltungen ausgelebt, indem demonstrativ Schwiegermutter und Schwiegerkind weit voneinander entfernte Tische wählen und Einladungen zu Familienfeiern wie Weihnachten und Taufen ausbleiben, es werden vermeintliche Regelverstöße an Behörden gemeldet, selbst Handgreiflichkeiten sind ab nun nicht mehr auszuschließen.

Durch die mittlerweile bereits länger eingetretene Unmöglichkeit der Konfliktpartner, einander empathisch zu begegnen, kann es auf dieser Eskalationsstufe durchaus zu skurril anmutenden Drohstrategien kommen. Denn sowohl Schwiegerkind als auch Schwiegermutter haben durch die solchermaßen eingeschränkten Wahrnehmungsmöglichkeiten bei der Definition einer Drohung das Problem, dass sie nur noch erahnen können, welche aktuell die zentralen Bedürfnisse des Gegenübers sind, wo also man beim jeweils anderen mit einer Drohung ins Schwarze treffen und somit die Wahrscheinlichkeit der Erfüllung der Forderung erhöhen kann. Dieses Defizit wird zumeist durch Selbstoffenbarung wettgemacht, indem nämlich jeder der Akteure von den eigenen aktuellen Bedürfnislagen ausgeht, diese auf den anderen projiziert und zum Ziel der Drohung macht.

Gedankenkino

Hannelore ist an einem Punkt angelangt, wo sie ihren Schwiegersohn Markus, dieses Ekelpaket, einfach nicht mehr ertragen kann. Zu viel ist passiert in ihren Augen. Die ständigen Sticheleien, das ständige Bemühen um eine Entfremdung ihrer Tochter von ihr, das Aufwiegeln des gesamten Bekanntenkreises gegen sie – sie stellt ihm ein Ultimatum, endlich einzusehen, dass er sich vollkommen falsch verhalten habe, indem er ihr jene Wertschätzung vorenthalten hat, die sie sich verdient. Ansonsten müsse sie, der ihre Integrität in der Gesellschaft wichtig ist und die für ihr Selbstwertgefühl einen möglichst großen Bekannten- und Freundeskreis braucht, in welchem sie immer wieder Bestätigung erhält für die Richtigkeit ihrer Ansichten und Werte, ihn aus ihrer Freundesliste in facebook entfernen. Markus findet das hingegen nur noch witzig. Glaubt dieser Schwiegerdrachen doch tatsächlich, ihm etwas damit zu Fleiß zu machen, wenn sie meint, sie entferne ihn aus ihrer Freundesliste in facebook? Dann braucht er wenigstens ihre depressiv anmutenden Statusmeldungen nicht mehr zu lesen, und sie nimmt sich selbst die Möglichkeit, die von ihm eingestellten Fotos der Kinder anzusehen …

Die Wut über einen solchermaßen erzielten Nulltreffer – mit der Erkenntnis, dass man als Drohender selbst Leidtragender der Umsetzung werden kann, zu der man sich auch noch selbst gezwungen hat – ist enormer Antrieb für die weitere Ausweitung des Konfliktes: Die Drohungen nehmen an Zahl und Intensität zu – frei nach dem Motto, irgendwann schon noch zu treffen und den anderen in die Knie zu zwingen. Immerhin kennt man ja aus den Erzählungen des Partners beziehungsweise Kindes, wo es dem Gegenüber wehtun muss. Wird dann tatsächlich mal getroffen, so erzeugt dies mit großer Wahrscheinlichkeit einen Druck auf den Konfliktpartner, spätestens jetzt seinerseits Gegendrohungen zu platzieren. Wut und Ohnmacht sind nun die vorrangigen Gefühle, die intensiver als bislang einander abwechselnd die Spirale immer schneller antreiben. In dieser Phase des Konfliktes nimmt aber auch die Überzeugung, noch als Gewinner aus dem Konflikt herausgehen zu können, stetig ab.

Stufe 7: Begrenzte Vernichtungsschläge

Haben die Konfliktgegner bislang noch danach getrachtet, den anderen vom eigenen Standpunkt in diversen Fragen zu überzeugen, so geht es mittlerweile nur noch darum, den anderen zu besiegen. Fragt man die Konfliktparteien, um was es denn überhaupt in ihrer Auseinandersetzung geht, so erhält man von ihnen auf dieser Ebene lediglich Antworten wie *„das tut nichts zur Sache"*; möchte man vermittelnd fragen, was denn der andere tun könnte, um die Beziehung von Spannung zu befreien, lautet die Antwort im besten Fall *„gar nichts, das kann gar nicht mehr besser* *werden*". Ab nun wird außerdem zumindest auch in Kauf genommen, selbst Schaden zu nehmen. Es werden kaum mehr Gedanken darauf verschwendet, welches menschliche Leid sogar vom Konflikt unbeteiligten Personen hier angetan wird – Kollateralschäden im gesamten System sind zunehmend die Folge.

Spätestens ab dieser Stufe wird auch auf das eigene Kind beziehungsweise den Partner keine Rücksicht mehr genommen. Auch die Bedürfnisse von Enkelkindern treten immer mehr in den Hintergrund. Schließlich sind diese Personen der Schlüssel zu den Punkten, die den Konfliktgegner am meisten verletzen. Und der Konfliktgegner hat seine Lektionen zu lernen, so viel steht fest.

Gedankenkino

Veronika hat seit der Geburt ihrer beiden Enkelkinder einen sehr engen Kontakt zu ihnen und bringt sich sehr in die Betreuung der beiden ein. Sicher war einer der Beweggründe dafür, dass sie eine stolze Großmutter ist und es immer als Bereicherung für ihr Leben genossen hat, den beiden Kleinkindern bei der Entdeckung der Welt zur Seite stehen zu können. Aber sie hat auch sehr deutlich erkannt, dass ihre Tochter Elke nur dadurch den erforderlichen Spielraum hatte, unbeschwert ihrer Berufstätigkeit nachzugehen und ab und an die Zweisamkeit mit ihrem ebenfalls berufstätigen Mann Dieter zu genießen. Nun aber verweigert Veronika die Betreuung der beiden Kleinkinder – sie habe einfach keine Zeit mehr und müsse ein wenig mehr auf sich schauen; solle doch Elkes Mann, dieses Ekelpaket, ein bisserl mehr Vater sein und sich um die Kinder kümmern. Elke ist verzweifelt, da sie nicht mehr weiß, wie sie auf die Schnelle Ersatz in der Kinderbetreuung auftreiben kann, um weiter ihrem Job nachgehen zu können – aber auch, da sie sieht, wie verstört ihre Kleinen sind, wo nun die Spannun-

> gen zwischen ihrem heißgeliebten Papa und der heißgeliebten Oma nicht nur spürbar, sondern auch für sie sichtbar sind. Elkes Mann tobt und sieht darin nur die Bestätigung dessen, was er immer schon über seine Schwiegermutter gesagt habe. Und Veronika? Sie leidet, da sie ihre Enkelkinder nun kaum mehr sieht.

Mittlerweile hätte es keinen Sinn mehr, einfach einzulenken bei den konfliktauslösenden und im Laufe des Prozesses hinzugekommenen konfliktbegleitenden Themen. Um die geht es nicht mehr. Es geht um das gesamthafte Besiegen des Konfliktgegners, losgelöst von jeder Sach- oder Situationsbezogenheit.

Stufe 8: Zersplitterung

Hass und Verachtung haben ein solches Ausmaß angenommen, dass nur noch ein Ziel gesehen werden kann: die Vernichtung des Konfliktgegners auf der wirtschaftlichen, seelischen oder schlussendlich auch der körperlichen Ebene. Es werden ab nun durchaus ernst zu nehmende Morddrohungen ausgesprochen, die keinesfalls abgetan werden sollten.

Der Konfliktgegner soll nicht nur besiegt werden, er soll an der weiteren Existenz in seinem Fühlen, Denken und Wahrnehmen gehindert werden, soll ein für alle Mal stellvertretend für alles Übel, das einem im Leben widerfahren ist und noch widerfahren könnte, ausgelöscht werden.

> **Gedankenkino**
>
> Als Bernhards Schwiegermutter es geschafft hatte, ihre Tochter Martina zu überzeugen, dass Bernhard psychisch krank sein müsste und eine Gefahr für die Kinder darstellen würde, zog Martina nach einem merkwürdigen Disput mit Bernhard über verschiedene Wahrnehmungen der Sauberkeit des Waschbeckens eines späten Abends überstürzt mit den bereits schlafenden Kindern aus dem ehelichen Haushalt aus und zurück zu ihrer Mutter. Danach war eine merkwürdige Veränderung festzustellen: Plötzlich grüßte Martinas Mutter Bernhard wieder, plötzlich war sogar eine Unterhaltung wieder möglich. Natürlich aber jedes Mal garniert mit der Feststellung, dass sie es ohnehin immer schon gesagt habe, dass Bernhard nicht zu ihnen, also zu ihr und ihrer Familie, passe. Diese Wiederaufnahme von Kommunikation fand ihr jähes Ende, als Martina sich wieder mit Bernhard aussöhnte und mit den Kindern wieder zu ihm zog. Es herrschte wieder eisige Missachtung, bei welcher nicht einmal vor Morddrohungen zurückgeschreckt wurde.

Stufe 9: Abgrund

Am Abgrund stehend enden diese hocheskalierten Konflikte meist in Mord- und Selbstmordschlagzeilen. Es geht um die absolute Vernichtung, es gibt keinerlei Hemmschwellen mehr. Viel zu häufig liest man über diese familiäre Eskalationsspirale in Artikeln in den Chronikseiten der Tageszeitungen.

Andere Modelle zur Konflikteskalation

In zahlreichen anderen Modellen wird ebenfalls versucht, als Orientierungshilfe für sinnvolle und hilfreiche Interventionen unter jeweiliger Berücksichtigung der Besonderheiten des Einzelfalls schematische Abläufe der Eskalation von Konflikten zu skizzieren. Als ein weiteres Modell sei hier jenes von Gerhard Schwarz kurz angerissen, welches im Wesentlichen auf den entstehungsgeschichtlichen Entwicklungsstufen der Menschheit und den vier Grundkonflikten aufbaut und seinen Focus auf die verschiedenen Grundmodelle der Konfliktlösung richtet (Abb. 1.4). Es wird hier davon ausgegangen, dass die Konfliktparteien mit zunehmender Eskalation eines Konfliktes an Lösungskompetenz verlieren und dabei zurückschreiten in den menschheitsgeschichtlichen Stufen der Entwicklung: Ist der Mensch in der heutigen Zeit von einer entwickelten Konsensfähigkeit in der Gesellschaft getragen, so kann er diese in einem Konflikt verlieren. Mit Fortschreiten des Konfliktes verliert er dann auch der Reihe nach die Kompromissfähigkeit, die Fähigkeit zur Delegation, die Prinzipien der Unterordnung und schließlich selbst das auf Vernichtung ausgerichtete Funktionieren. Es bleibt die Flucht als einziger, urinstinktlicher Ausweg aus dem Konflikt.

Ebenfalls von besonderer Bedeutung sind qualitativ noch tiefer differenzierende Modelle, welche auf einem analytischen Zugang zum Konflikterleben der Beteiligten basieren. Michael Wandrey etwa strukturiert aufbauend auf dem neunstufigen Eskalationsmodell von Glasl das Konfliktgeschehen anhand der Eckpunkte Konflikthöhe, Konflikttiefe und Konfliktbreite mit jeweils drei Graden. Unter der Konflikthöhe werden dabei die Eskalationsmerkmale im Verhalten der Akteure subsumiert, beginnend bei der geringen Höhe, wobei sich die Konfliktparteien im eigenen Verhalten an Gewinner-Gewinner-Strategien orientieren,

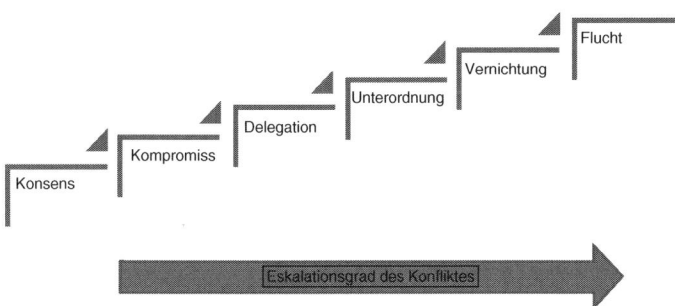

Abb. 1.4 Veranschaulichung der Konfliktdynamik bei zunehmender Eskalation nach Schwarz

über die mittlere Höhe, bei welcher die Ausrichtung entsprechend einem Konkurrenzkampf mit einem gefährlichen Gegner auf einer Gewinner-Verlierer-Motivation aufbaut, bis hin zur extremen Höhe: Der Konfliktverlauf wird als Krieg betrachtet, in welchem zwar eigene Verluste gewärtig sind, aber ebenso Vernichtungsschläge gegen das Gegenüber gesetzt werden. Bei der Konflikttiefe wird das Ausmaß betrachtet, in welchem das Selbstbild des Einzelnen über ausgelöste Emotionen und aktivierte Muster berührt wird. Ist man bei einer geringen Tiefe zwar irritiert, kann aber noch zwischen Fremd- und Eigenanteilen unterscheiden mit der Bereitschaft zur Integration neuer Erfahrungen, so setzt bei mittlerer Tiefe bereits ein Schwarz-Weiß-Denken ein mit einer Neigung zur Abspaltung und Ohnmachts- beziehungsweise Opfergefühlen. Extreme Tiefe steht hier für das Gefühl existenzieller Bedrohung mit dem Drang zur Vernichtung in der Annahme eines erforderlichen ultimativen Gegenschlags. Die Konfliktbreite steht in diesem Modell für die Mitberücksichtigung der Komplexität eines Konfliktes:

Wie viele Themen spielen hier hinein, wie viele Akteure sind beteiligt, wie sehr reicht der Konflikt über die angesprochenen Bedürfnisse in die Vergangenheit, beziehungsweise ist er in der Gegenwart verankert, oder spielt er über die tangierten und gebildeten Interessen in die Zukunft?

Leicht verständliche, wenngleich eher mit dementsprechend großen Unschärfen an der Oberfläche bleibende Modelle schließlich teilen den klassischen Verlauf einer Konflikteskalation in die drei Phasen der zugrunde liegenden Hauptmotivation ein: Die erste Phase ist jene, in welcher es in einer Win-Win-Motivation darum geht, dem eigenen Standpunkt zwar zum Durchbruch zu verhelfen, deswegen aber nicht unbedingt den Standpunkt des anderen bekämpfen zu wollen. Diese Phase ist durch Verhandlungen geprägt, das Interesse liegt auf einer gemeinsamen Lösungsfindung. In der zweiten Phase, geprägt durch eine Win-Lose-Motivation, verlagert sich der Schwerpunkt der Agitation auf die rücksichtslose Verfolgung eigener Interessen durch Beseitigung jedes Widerstandes: Es wird im Bestehen anderer Standpunkte ein zu eliminierendes Hindernis auf dem Weg zur Durchsetzung gesehen. In der letzten Phase schließlich wird die Hoffnung auf das Obsiegen mit der eigenen Position aufgegeben, und das Gegenüber wird noch intensiver bekämpft: Es stellt sich eine Lose-Lose-Motivation ein, eine Agitation der verbrannten Erde wird angewandt.

Ein weiteres Modell betrachtet den Konfliktverlauf von der Infektion der Kompetenzen der Akteure her und geht von einem durch die jeweilige Typologie geprägten Verlauf der reihenweise Abnahme von Fähigkeiten in Wahrnehmung, Vorstellungs- und Interpretationsvermögen,

Gefühlsverarbeitung, freier Willensbildung und schließlich Kontrolle des äußeren Verhaltens aus. Sachliche Differenzen führen dabei durch eine Verschlechterung der Beziehungsebene zu persönlichen Differenzen, welche zunächst in einer Spiralenbewegung Rückwirkungen auf eine Verstärkung der sachlichen Differenzen nehmen, schließlich aber auch überspringen auf unterschiedliche Deutungen der Differenzen als solche: Es beginnt ein Konflikt über den Konflikt hinzuzukommen, welcher die zwischenmenschlichen Beziehungen weiter belastet und zu weiterer Verschärfung auf der sachlichen und persönlichen Ebene der Differenzen führt. Schließlich werden selbst Lösungsansätze gegenseitig zurückgewiesen, was daraus resultiert, dass ja nicht nur die Differenzen bestehen und sich weiter verhärten, sondern mittlerweile über mehrere Durchgänge auch Ursachen und Hintergründe des Konfliktes unterschiedlich gesehen werden: Der Konflikt über die Konfliktlösung ist nun hinzugekommen und schwingt ununterbrochen mit.

Ebenso mit einem Fokus auf der Möglichkeit der Konfliktpartner, die eigenen Ressourcen in den Punkten Wahrnehmung, Denken, Fühlen und Wollen zu nutzen, geht ein weiteres Modell davon aus, dass sich der Zugang zu den Konfliktbewältigungsmöglichkeiten beginnend beim Optimalzustand der Konfliktregelung über den Drang zur Konfliktlösung hin zur Konfliktunterdrückung verändert. Zu Beginn kann der Konflikt als solcher noch erkannt und auch anerkannt werden, es wird der Konsens gesucht, bei Fortschreiten der Verhärtung zumindest noch ein Kompromiss. Die Konfliktparteien stehen einander als gleichberechtigt gegenüber und sind gewillt, eine Lösung in kleinen Schritten umzusetzen – im Konsens zur optimalen Berücksichtigung der Bedürfnisse beider, später dann zumindest als Preis für die Befriedigung eines Teiles der Bedürfnisse. Bei Fortschreiten der Eskalation löst der Drang nach einer Konfliktlösung das mediative pluralistische Grundklima ab: Im Namen des Strebens nach Harmonie erfolgt nun eine Einteilung der Standpunkte in die einander ultimativ ausschließenden Gegensatzpaare Gut und Böse, Wahr und Falsch. In einer Diktatur des wahren Guten wird eine rasche Lösung in Form eines Sieges des Guten über das Böse herbeigeführt und dabei nicht geduldet, dass auch nur ein Funke des unterlegenen Bedürfnisses hinkünftig nach Anerkennung strebt. Gelingt auch das nicht, so droht in einem Klima der nunmehr vorherrschenden Konfliktunterdrückung, in welchem Konflikte als Störfaktoren betrachtet und ausgeschaltet werden bei gleichzeitiger Unterdrückung sämtlicher involvierter Bedürfnisse und Interessen, eine für alle Beteiligten hochgefährliche revolutionäre Entladung, bei welcher das ausgerufene Paradigma der harmonisierten Gesellschaft demaskiert wird mit Verlusten auf allen Seiten.

Zusammenfassung

Jedes Modell für sich mag Teilbereiche der hinter einem Konfliktverlauf stehenden Dynamik anschaulicher darzustellen, womit eine Mitberücksichtigung aller Modelle in der Konfliktanalyse vorteilhaft erscheint zwecks Erreichung eines gesamthaften Verständnisses. Betrachtet man diese Eskalationsmodelle, so erscheint es nicht nur absolut schlüssig, dass der Lauf der Dinge kommt wie beschrieben, sondern jeder Einzelne wird auch über zahlreiche Konfliktverläufe, die er selbst durchwandert hat, berichten können, die mehr oder weniger weit vorangeschritten sind und dabei die beschriebenen Symptome aufgewiesen haben. Je länger wir darüber nachdenken, desto deutlicher wird uns jedoch auch aufgrund unserer persönlichen Erfahrungen, dass jedes Mal, wenn eine Schwelle zu einer höheren Eskalationsstufe überschritten wird, ein kurzer Moment der inneren Stille eintritt, dass quasi unserem Bewusstsein die Chance geboten wird, zu entscheiden, ob die Schwelle zu einer weiteren Intensivierung auf dem Weg zu einer Situation, in welcher nicht mehr wir einen Konflikt haben, sondern der Konflikt uns zunehmend in Geiselhaft nimmt und das Ruder über das weitere Geschehen an sich reißt, tatsächlich überschritten werden soll.

Haben Schwiegerkind und Schwiegermutter Ambitionen, als gelehrige Schüler und geübte Meister von Paul Watzlawicks „Anleitung zum Unglücklichsein" ihr weiteres Dasein zu fristen, so empfiehlt es sich, nicht nur den aktuellen Konflikt in allen Einzelheiten auszukosten und weiter eskalieren zu lassen, sondern sich und seinen Ansichten der vermeintlichen Wahrheit über den jeweils anderen treu zu bleiben. Es empfiehlt sich dann, fleißig nach Bestätigung für die Wahrheit zu suchen, dass das Schwiegerkind das eigene Kind ins Unglück stürzt und niemals für es, das doch nicht auf sich selbst achten und sein Glück finden kann, ausreichend sorgen wird können und schlichtweg das Grundübel für alle Unwegsamkeiten im eigenen Leben darstellt. Umgekehrt muss dann freilich der Schwiegermutter jegliche Möglichkeit genommen werden, als Mensch mit unterschiedlichsten Aspekten wahrgenommen zu werden, denn schließlich gilt es ja zu beweisen, dass nur ein Leben ohne sie die Chance auf Verwirklichung des persönlichen

Glücks haben kann. Allerdings ist damit mit an Sicherheit grenzender Wahrscheinlichkeit auch das Freifahrtticket zum Scheidungsrichter gelöst; Kollateralschäden an allenfalls bereits vorhandenen Kindern sind nahezu zwangsweise damit verbunden.

Es bestehen aber auch andere Möglichkeiten. Immer. In jeder Stufe, auch wenn viele Gelehrte in den Gebieten der Psychotherapie und der Mediation davon ausgehen, dass ab einem bestimmten Eskalationsgrad kein gedeihliches Miteinander in konstruktiver Konfliktkultur mehr möglich sei. Es wird lediglich zunehmend herausfordernder für beide Seiten. Es verlangt beiden Seiten zunehmend größere persönliche Weiterentwicklung und charakterliche Reife ab, die eigenen Sichtweisen aus dem Musilschen Triëderblick zu befreien und sich selbst wieder die Vollkommenheit eines jeden Momentes zuzulassen.

In den folgenden Kapiteln werden Aspekte angerissen, welche dabei helfen können, eine Konfliktsituation im Allgemeinen und im Speziellen im Spannungsfeld zwischen Schwiegermutter und Schwiegerkind konstruktiv zu gestalten und zu erleben. So viel sei dabei vorweggenommen: Es braucht nicht viel, lediglich ein wenig Achtsamkeit, ein wenig Interesse, ein wenig Offenheit, ein wenig Erwartungsfreiheit und ein wenig Empathie. Allen voran braucht es Selbsterfahrung und die Bereitschaft, sich selbst zu kennen, sich selbst anzunehmen, und die Bereitschaft, sich selbst weiterzuentwickeln. Doch zunächst sollen hier die verschiedenen, oftmals übersehenen Aspekte behandelt werden, welche in diese oftmals konfliktträchtig erlebte Beziehung mit weitreichendsten Auswirkungen hineinspielen. Denn: Je mehr Blickwinkel wir gewinnen, je mehr wir alle unsere kreativen und kognitiven Fähigkeiten, egal ob Schwiegermutter oder Schwiegerkind, aktivieren und schärfen und uns somit unserer in uns schlummernden ungeahnten Ressourcen gewahr werden, umso wahrscheinlicher ist es, auch diese Beziehung unbeschadet zu erleben und ihr wechselseitig bereichernde Seiten abzugewinnen.

Auswege – der Schwiegermutterkonflikt als Chance

Konflikte gehören zum Leben wie Wind zu einer Ausfahrt auf dem Fahrrad: Mal kommt er von vorn, mal von der Seite, mal von hinten, stets aber auch von der eigenen Fahrgeschwindigkeit. So wie es Radfahrer gibt, die sich stets darüber beklagen, mit Gegenwind kämpfen zu müssen, egal welche Richtung sie eingeschlagen haben, und dabei übersehen, dass der vermeintliche Gegenwind nichts anderes ist als der mit der gewählten Fahrgeschwindigkeit und damit den selbst gestellten Anforderungen verbundene Widerstand der Luft, welcher bei ausreichendem Tempo sogar bei leichtem Rückenwind – also externer Unterstützung – spürbar wird als Hindernis, genauso gibt es Menschen, die Konfliktsituationen geradezu herbeireden und anschließend ihre Lebensfreude zu verlieren scheinen.

So wie man beim Radfahren lernen kann, seine Kondition zu steigern und ein Fahrtempo unter Berücksichtigung der Windverhältnisse und der eigenen Kondition zu wählen und allenfalls sogar eine Routenkorrektur oder ein Verschieben des Trips in Erwägung zu ziehen, genauso kann man lernen, Konflikte aus anderen Perspektiven zu betrachten und daran zu arbeiten, konfliktfester zu werden und gleichsam dem Radfahrer, der den Rückenwind ausnutzt, auch mal Chancen in Konfliktsituationen für sich zu erkennen und auch zu nutzen.

Im Verhältnis zwischen Schwiegermutter und Schwiegerkind ist der persönliche Umgang mit Konfliktsituationen wegen der tiefen Verstrickung mit intimen, sehr nahe der Basis der Bedürfnispyramide angesiedelten Bedürfnissen im mikrosozialen Umfeld der eigenen Familie von noch viel größerer Bedeutung als im übrigen sozialen Alltag. Zu stark ist hier die Nähe-Distanz-Dynamik zu den Mitgliedern des eigenen Systems der Herkunftsfamilie, als dass die Beziehung der Lebenspartner von einem unkontrolliert eskalierenden Konflikt zwischen Schwiegermutter und Schwiegerkind ausgespart bleiben kann. Sehr rasch in der Eskalation wird daher für einen außenstehenden Betrachter klar: Auf diesem Schlachtfeld wird es fürchterlich zugehen, wird es grausame Opfer an allen auch nur irgendwie beteiligten Fronten geben, wenn nicht ein anderer Weg gefunden und beschritten wird, um Unterschiedlichkeiten in das Leben zu integrieren, die bei näherer Betrachtung nicht einmal als solche gesehen werden müssen.

Will man aus diesen Eskalationsmustern aussteigen oder vielleicht gar nicht mal erst in die Verlegenheit geraten, die Schwelle zu Stufe 4– also jenem Punkt, ab welchem es ratsam ist, außenstehende allparteiliche Hilfe in Anspruch zu nehmen – zu überschreiten, so gibt es mehrere Möglichkeiten, rechtzeitig Signale zu erkennen und richtig zu deuten und damit sogar einen persönlichen Vorteil zu lukrieren: Dieser sehr leicht an die Nieren gehende Konflikt kann von beiden Seiten als Gelegenheit genutzt werden, die eigenen

Fähigkeiten zu steigern und an dieser leicht zur Gefahr für eigene Grundbedürfnisse werdenden Situation zu wachsen.

Bedeutsam ist es dabei zunächst, eigene Anteile am Konflikt und seiner Dynamik zu reflektieren und einen Blick hinter die Kulissen der Ereignisse zu wagen: Welche Muster treten in einem Konflikt auf, und welche Bedeutung haben diese für den möglichen weiteren Verlauf der Diskussion? Welche Bedeutung haben kulturelle Unterschiede für das Zusammenleben von Menschen, im Speziellen für die Beziehung zwischen Schwiegermutter und Schwiegerkind? Welche Rolle hat hier das menschliche Hirn? Welche Besonderheiten gibt es im Verhältnis eines Kindes zu seiner Mutter? Wie funktioniert Kommunikation, und was löst sie aus, beziehungsweise wie kann sie zum Steuerrad auf dem Fahrwasser des eigenen Lebens werden? Welche Rolle können der Partner beziehungsweise das Kind spielen im Verhältnis zwischen Schwiegermutter und Schwiegerkind? Es lässt sich zwar bei Weitem nicht alles verstehen im Leben – und das ist auch gar nicht nötig –, doch mit der nötigen Offenheit für bisher Unbekanntes und der Bereitschaft, Situationen auch mal aus anderen Perspektiven zu betrachten sowie Zusammenhänge zu erkennen, wo man bislang nur bedrohliche Willkür vermutete, ist man einen guten Schritt vorwärtsgekommen: vorwärts in der Wiedererlangung oder – noch besser – in der Erhaltung der eigenverantwortlichen Handlungsfähigkeit durch einen Konflikt hindurch, ohne dabei auf Dauer auf ein von gegenseitiger Wertschätzung geprägtes Klima für weiteres zwischenmenschliches Wachstum verzichten zu müssen. Man hat dann aber auch die Chance genutzt, den Schwiegermutterkonflikt, welcher wegen der allgegenwärtigen Präsenz, der Nähe zur Basis der eigenen Bedürfnispyramide sowie der weitreichenden Folgen für den Fall einer unkontrollierten Eskalation bis in die nächsten Generationen hinein als einer der härtesten im Privatleben angesehen werden muss, als Gelegenheit der persönlichen Reifung zu nutzen. Der nächste Buchabschnitt soll dabei helfen, einen exemplarischen Blick auf einige Bereiche hinter der Kulisse zu werfen.

2
Blick hinter die Kulissen

*"Alles hat zwei Seiten. Aber erst wenn man erkennt,
dass es drei sind, erfasst man die Sache."*
(Heimito von Doderer)

Wie tickt der Mensch

Menschen werden in der heutigen Leistungsgesellschaft sehr rasch in ihrer Kommunikation auf die reine Inhaltsebene beschränkt. Es geht um sachlichen Austausch von Informationen, welcher es zur weiteren Steigerung von Effizienz bedarf. Dass allerdings mit jeder Botschaft, die unter Einsatz der nach außen gut erkennbaren digital entwickelten Sprache transportiert wird, auch die Beziehungsebene mit angesprochen wird, diesem Umstand wird oftmals zu wenig Bedeutung geschenkt. Dabei wird riskiert, dass sowohl intra- als auch interpersonelle Konflikte entstehen und das eigentliche Ziel der Steigerung der Effizienz konterkarieren: im Berufsleben, wo die Geschwindigkeit der reinen Sachebene, um die es bei der Zielsetzung ja auf den ersten Blick auch eigentlich geht, die Motivation abwürgt wegen unzureichender Berücksichtigung der in allen beteiligten Menschen stets mitschwingenden Interessen, Bedürfnisse und Werte, die es ebenfalls abzustimmen gälte; umso mehr aber auch im Privatleben wie beispielsweise im an Intimität kaum zu überbietenden Bereich der Familie mit den Feldern Eltern-Kind-Beziehung, Partnerschaft und Begegnung zwischen Schwiegermutter und Schwiegerkind.

Eine Begleiterscheinung der modernen Gesellschaft ist auch ein sehr komplexes Normensystem. In einer wahren Flut an Regeln und Gesetzen werden ursprünglich aus Werten abgeleitete Verhaltensanordnungen in Gesetzen festgeschrieben und damit der Autonomie der Mitglieder des Verbundsystems Staat entzogen. Was dabei „richtig" ist, wird also in Recht gegossen, wobei darunter die Gesamtheit der durch einen demokratischen Grundprozess legitimierten Normen verstanden wird, die dem Handeln der einzelnen Personen, die sich in einem territorial eingeschränkten Gebiet aufhalten, einen Rahmen geben, innerhalb dessen das Wirken mit dem Attribut der Legalität versehen wird. Das Recht geht dabei vom Volk aus – so ist der Leitsatz in einer Demokratie. Damit ist der rechtsphilosophische Anspruch daran zum Ausdruck gebracht, dass Recht dem Wertebild einer Gesellschaft zu entsprechen hat. Es werden Schutzzwecke als unverrückbar und unverhandelbar zu Leitprinzipien erhoben; in der Rechtsordnung wird das damit zum Ausdruck gebracht, dass sie in Verfassungsrang erhoben werden mit der Intention, ein leichtfertiges Abgehen davon zu verhindern: Erhöhte Präsenz- und Abstimmungsquoren, bei Staatsfundamentalnormen sogar in verpflichtender Kombination mit dem verbindlichen Ergebnis einer Volksabstimmung, sollen dafür garantieren. Ein Zuwiderhandeln gegen die Rechtsordnung ist zumeist – Ausnahme stellt die sogenannte *Lex imperfecta* dar – mit Sanktionen durch staatliche Einrichtungen versehen, es wird dazu Recht gesprochen. Neben dieser durch Akte der legislativen Gewalt geschaffenen Rechtsordnung kommt allerdings auch der Judikative und in gewissem Rahmen der Exekutive eine Rolle in der Ausformung von Recht zu: Durch Rechtsprechung und Rechtsanwendung werden nicht nur die generellen Bestimmungen konkretisiert auf die einzelnen Rechtssubjekte, wo sie ihre Wirkung speziell entfalten, sondern erfahren durch Auslegung auch einen Wandel, welcher durch die von der Rechtsordnung selbst definierten Instrumente der Interpretation legitimiert ist.

Innerhalb dieser groben Spange gibt es weitere Systeme, in welchen ebenfalls zunehmend eine Tendenz zur Abgabe der Eigenverantwortung zugunsten von uniformierten Normen erkannt werden muss: Unternehmen geben sich eine Corporate Identity, Parteien verschreiben sich ihren Parteiprogrammen, Vereine geben sich eine Satzung, Religionen vereint in ihren Geboten eine gemeinsame Anschauung, Familien und Freundeskreise geben sich einen meist ungeschriebenen Kodex. Ähnlich der Rechtsordnung werden ebenfalls Regeln geschaffen, die aus supraindividuellen Werten abgeleitet und zur Verhaltensanordnung für den Einzelnen erhoben werden. Auch hier ist zumeist ein Sanktionsmechanismus vorgesehen, auch hier wird innerhalb des Systems als Preis für die Zugehörigkeit die Freizügigkeit des Individuums gesehen.

So wertvoll eine Rechtsordnung und das gemeinsame Bekenntnis auf Regeln innerhalb eines Systems auch ist, in zwischenmenschlichen Fragen, welche an die Grundbedürfnisse des Menschen herangehen, kommen die Schwächen einer solchen Übertragung der Verantwortung zutage: Bedürfnisse und Interessen des Einzelnen bedürfen eines Spielraumes für die eigenverantwortliche Verwirklichung. Ist dieser Spielraum nicht gewährleistet, so wirken die Regeln eines Systems kontraproduktiv zur Selbstverwirklichung des Individuums. Wo ein Normenverband dies übersieht, wo er nicht einer teleologischen Auslegung in Ableitung der ursprünglich zugrunde gelegten naturrechtlichen Werte unter Mitberücksichtigung von individuellen Bedürfnissen und Interessen zugänglich bleibt, läuft er Gefahr, eine revolutionäre Abkehr zu provozieren.

Betrachtet man den einzelnen Menschen vor dem Hintergrund dieser beschriebenen Regelungsflut auf den verschiedensten Ebenen, so erkennt man sehr leicht, dass neben der Gratwanderung, welche das Normensystem als solches zwischen Akzeptanz durch Nähe zu den individuellen Werten möglichst aller Mitglieder des Normenverbandes einerseits und Provokation zur Revolution durch zu hohe Abstraktheit andererseits zu meistern hat, ein Normensystem per se bereits die Gefahr darstellt, dass einzelne Mitglieder Verantwortung für ihr eigenes Tun vollständig übertragen. Wenn Regeln in zu hoher Dichte und kasuistischer Ausprägung, wie dies bei geschlossenen Familiensystemen in ungeschriebener Form häufig anzutreffen ist, Verhaltensvorgaben machen, so bleibt den Mitgliedern, so sie nicht aus dem Verband ausgestoßen werden wollen, nur die blinde Befolgung ohne Spielraum für eine eigene Individualität, für welche Verantwortung getragen werden kann.

Verstärkt wird dieses Dilemma aus Akzeptanz und Revolution auf der globalen Ebene und Eigenverantwortung versus Normenkonformität auf der individuellen Ebene dadurch, dass jeder Einzelne verschiedensten Systemen mit jeweiligen Regeln und Normen angehört. Es sind dabei die verschiedenen Systeme, die uns dazu veranlassen, verschiedene Rollen einzunehmen. Ähnlich dem in verschiedenen Ebenen evolutionsgeschichtlich bedingt aufgebauten Gehirn kommt dabei ein komplexes System unserer Denk- und Handlungsweise zum Tragen: Aufbauend auf einem System von instinktiven Reaktionen auf Reize, die quasi aus dem Bauch heraus auftreten und danach verlangen, ihnen Luft zu verschaffen, gilt es, den Normen und Standards, denen sich der Einzelne als Zugehörigkeitsmerkmal einer Gruppe mehr oder weniger bewusst verschrieben hat, zu entsprechen. Diese wiederum müssen auf einer höheren Ebene individuellen Prinzipien der Logik in einer eigenen, individuell entwickelten Ordnung entsprechen. Wenn beispielsweise ein Mensch an eine stark befahrene mehrspurige Straße gelangt mit dem Wunsch, diese zu überqueren, wird er dies je nach seiner individuellen Entwicklung und den Prinzipien des gesellschaftlichen Systems, dem er angehört – seiner Rolle –, anders lösen:

Der rein aus Reizen und darauf folgenden Reaktionen heraus entspringende Lösungsansatz wird wohl der sein, dass Fahrbahn für Fahrbahn überquert wird mit ständiger visueller und akustischer Vergewisserung, dass die nächsten heranfahrenden Fahrzeuge ausreichend weit entfernt sind, um so ein vermeintlich sicheres, aber auch möglichst rasches Überqueren sicherzustellen. Dieser Ansatz wird wohl von Vertreterinnen und Vertretern aller Kulturkreise so gewählt werden – ja selbst an anderen Lebewesen ist ein solches Verhalten beobachtbar.

Fühlt sich dieser Mensch jedoch einem System zugehörig, so wird er in derselben Situation primär danach trachten, die Normen und Standards, welche für genau diesen Problemfall entwickelt wurden, zu befolgen anstelle der Befolgung eigener Reaktionsimpulse. In einem streng an gesetzliche Bestimmungen der jeweiligen Straßenverkehrsordnung orientierten System wird beispielsweise der nächste Zebrastreifen aufgesucht und das Ampelsignal streng befolgt werden.

In einer Weiterentwicklung dieser Normenorientiertheit als Handlungsanleitung kristallisiert sich jedoch eine Reindividualisierung heraus. Es bilden sich Subsysteme und individuelle Reorganisationen des Ordnungssystems, dem man sich verschrieben hat: Die sogenannten Axiome der Logik werden schlagend. Demnach muss alles, was im Rahmen einer Norm vorgegeben wird, eindeutig sowie widerspruchsfrei im Verhältnis zu anderen Normen beziehungsweise in einem klaren Stufenbau ober- und untergeordnet sein und schließlich das Fortbestehen mit einem zureichenden Grund rechtfertigen. Auf unser Beispiel zurückkommend kann das bedeuten, das ein Subsystem innerhalb der normenorientierten Gruppe der Verkehrsteilnehmerinnen und Verkehrsteilnehmer es als Bestandteil der Verhaltensanordnung betrachtet, dass ein Überqueren der Straße in jenen Fällen, in welchen kein Fahrzeug nah genug ist, um ein Hindernis darzustellen, auch bei rotem Ampelsignal zulässig sein muss, da die Norm vom Normzweck her in diesem konkreten Einzelfall nicht anwendbar erscheint. Dies kann eine Erkenntnis der Gruppe sein, wie es etwa im kanonischen Recht als Epikie sogar in das Normensystem selbst Eingang gefunden hat als generelles Prinzip, es kann aber auch eine individuelle Leistung sein, welche allerdings nicht schützt vor Komplikationen mit den Systemzugehörigen etwa in Person des Verkehrspolizisten.

Anhand dieses einen Beispiels lässt sich bereits ganz deutlich erkennen, dass der Mensch in seiner Handlungsweise verschiedenen externen Faktoren verbunden ist, je nachdem, in welchen Systemen er sich bewegt und in welchen Systemen er eine Rolle übernommen hat. Die Herausforderung für den den Axiomen der Logik verbundenen Menschen stellen dabei jene Normen dar, welche in vermeintlichem Widerspruch zueinander stehen und sich nur auflösen lassen mit einem Schritt zurück in die Dialektik zwecks Neudefinition des persönlichen logischen Ansatzes. Es bedarf dabei einer gewissen Flexibilität des Systems, aber auch einer ausgeprägten Bereitschaft zur Verantwortung des Einzelnen.

Erschwert wird dieser Abgleich von Normen verschiedener Systeme untereinander und jeweils zusätzlich mit den individuellen Reizverarbeitungen und persönlichen logischen Ableitungen durch folgenden Umstand: Im interpersonellen Austausch beim Ansprechen eines Themas im Wege der Kommunikation schwingen – stets zunächst in nonverbaler Form – in einer dem von der Wasseroberfläche verdeckten Teil eines Eisberges entsprechenden Proportionalität die ganz persönlichen Interessen und Bedürfnisse mit; diese wiederum sind getragen von den Werten und daraus abgeleiteten Normen, denen sich ein Mensch innerhalb des Kulturkreises verschrieben hat, und dem hinter dem Sein erkannten persönlichen Sinn (Abb. 2.1). Diese Ebenen unter der Oberfläche des äußerlich Wahrnehmbaren,

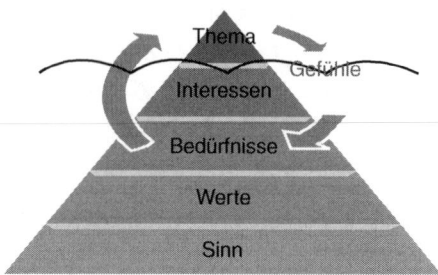

Abb. 2.1 Veranschaulichung der verborgenen Anteile in der Kommunikation zu einem sichtbaren Thema sowie des Weges der Erreichung darunter liegender Interessen, Bedürfnisse, Werte und des subjektiv erkannten Sinnes über die Gefühlsebene. Dabei wird in einem Rückbezug zum sichtbar kommunizierten Thema dieses für alle Kommunikationsteilnehmer, auch für den das Thema bestimmenden, erhellt

die über die erlebten und erkannten Gefühle durchbrochen werden können, sind dabei nicht nur für Außenstehende schwer bis nicht erkennbar, auch der Betroffene selbst muss sich den Zugang zu diesen Ebenen selbst erst erarbeiten, um besser verstehen zu lernen, wie diese von Umweltfaktoren in der individuell wahrgenommenen Intensität und Form geprägten Ebenen des steuernden Unterbaus zu den nach außen getragenen Themen wirken und das Verhalten maßgeblich mit beeinflussen.

Dieser Umstand hat enorme Bedeutung für Konfliktsituationen. So wird oft über nach außen sichtbare Themen gestritten, bei welchen es sich aber eigentlich nur um Auslöser handelt, deren Beilegung den Konflikt keinesfalls zu beenden vermag. Vielmehr wird jeder Versuch, eine Differenz auf der rein sachlichen Ebene einer Lösung zuzuführen, wegen der Außerachtlassung der darunter liegenden

Interessen und Bedürfnisse bereits mittelfristig eine weitere Verschärfung der Konfliktsituation bewirken. Es wird nämlich lediglich das Symptom behandelt, nicht die tiefer liegende Ursache: Durch die Außerachtlassung der Bedürfnisebene wird der Mensch in seinem Selbstvertrauen weiter geschwächt, sein Drang nach einem in Wertschätzung erfolgenden Gesehenwerden seiner selbst wird noch intensiviert und sehr rasch in einem weiteren Thema ans Tageslicht gebracht werden, bis endlich ein Gleichgewicht zwischen inneren Vorgängen und den äußeren empirisch erschließbaren Aspekten auf individueller wie auch auf kollektiver Ebene erreicht wird.

Nur Bedürfnisse, welche eine Erfüllung erfahren, geben dem Menschen das erforderliche Sicherheitsgefühl, auch mit Differenziertheit fertig zu werden. Nicht ausreichend gesehene und berücksichtigte Bedürfnisse tendieren hingegen dazu, immer tiefer zu rutschen unter die Grenze der Wahrnehmbarkeit. Manifestieren sie sich zunächst noch in Sehnsüchten und Wünschen, die bei einem eigenverantwortlichen Umgang mit ihnen über eine formulierte Bitte die Chance einer nachträglichen Erfüllung erfahren in einer intakten Beziehung, so entwickeln sich daraus für den Fall nachhaltiger Nichterfüllung verhärtete Positionen zu auf den ersten Blick auch gar nicht tangierten Themen. Das Bedürfnis verschwindet schließlich sogar für den Betroffenen aus der bewussten Wahrnehmbarkeit und intensiviert gleichzeitig seine Energie, ausgedrückt durch eine irrationale Antriebskraft, welche Motor in der Konflikteskalation in interpersonellen Konflikten sein kann, sich aber auch gegen die Person selbst richten kann. Das unberücksichtigte Bedürfnis kann dabei, wie bereits im Zusammenhang mit der

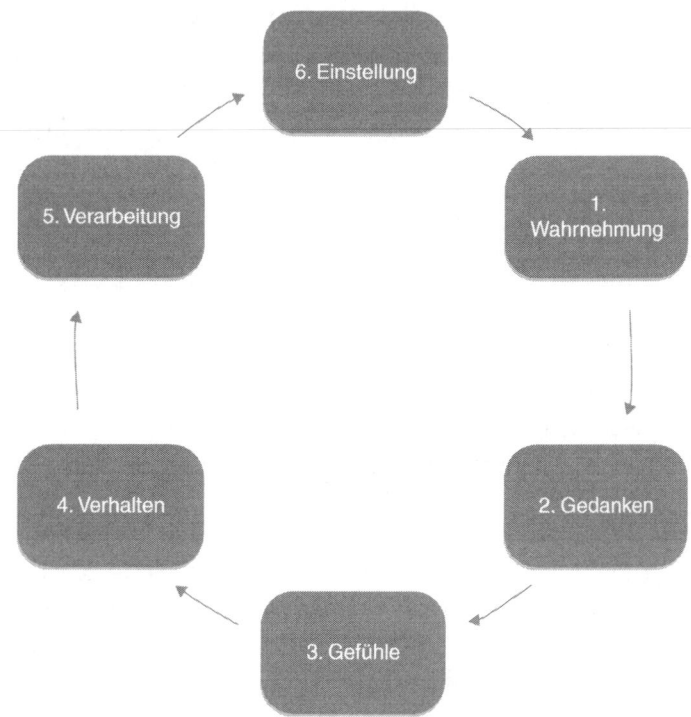

Abb. 2.2 Veranschaulichung des Zyklus von einer Wahrnehmung zur nächsten Wahrnehmung, wobei jede Folgewahrnehmung ohne korrigierende Achtsamkeit eingeschränkt ist durch die entstandene Einstellung

Maslowschen Bedürfnispyramide angesprochen, sogar andere Gestalt annehmen.

Zumeist ist das Drehbuch auf der prozessualen Ebene dabei festgelegt in einem Kreislauf, welcher die Wahrnehmungen, Gedanken, Gefühle, das Verhalten, die Verarbeitung und die Einstellung gleichsam einem Dominospiel steuert und nachfolgend beeinflusst (Abb. 2.2). Beginnt sich dieser einmal zu drehen und nimmt auch noch an Geschwindigkeit zu, so ist kaum mehr zu vermeiden, dass der Betroffene sich einen Käfig aus immer engmaschigeren Annahmen und Interpretationen baut, welche eine Wahrnehmung der Realität eines Momentes in der vollen Komplexität nicht mehr zulässt. Immer verbissener wird den Gesetzen der selbst aufgestellten Logik gefolgt, immer präziser werden Vorerwartungen zu den nächstfolgenden Wahrnehmungen; es treten die als „selbsterfüllende Prophezeiungen" bekannten Phänomene auf.

Gedankenkino

Bertram hört die Glocke an der Wohnungstür klingeln. Das Klingeln unterbricht ein Gespräch mit seiner Frau über eine Meinungsverschiedenheit. Seine Frau geht zur Türe und öffnet, vor der Tür steht unangekündigt Bertrams Schwiegermutter Ottilie und begehrt Einlass. Ottilie nimmt wahr, dass Bertram sie grüßt und gleich darauf ins Badezimmer verschwindet. Sie macht sich Gedanken darüber, dass Bertram sofort verschwunden ist: Liegt es an ihr? Es steigt in ihr ein Unbehagen auf, ein Gemisch aus Trauer und Wut macht sich breit und vernebelt ihre Gedanken. Schnell drückt sie ihrer Tochter das Stück Kuchen, welches sie vorbeigebracht hat, in die Hand und verabschiedet sich wieder. Sie müsse ohnehin wieder nach Hause und wollte nur den Kuchen vorbeibringen. Auf dem Rückweg im Auto fährt sie etwas zügiger als sonst, auch die Verkehrszeichen sind ihr eigentlich egal. Warum hat Bertram eigentlich so ein schlechtes Benehmen? Weiß er denn nicht, was sich gehört, wenn Besuch kommt? Und überhaupt könnte er dankbarer sein bei all dem, was sie schon für ihn gemacht hat … Wie konnte sie sich nur so in ihm täuschen? Beim nächsten Zusammentreffen mit Bertram ist Ottilie dann sofort aufgefallen, wie genervt er schon wieder wirkt – obwohl Bertram, hätte man ihn gefragt, beteuert hätte, gut gelaunt zu sein.

Dieser Kreislauf bewirkt also, dass der persönliche Umgang mit einer Wahrnehmung im Regelfall der darauffolgenden Wahrnehmung eine persönliche Note gibt, bei der ganze Bereiche empirisch erfassbarer Aspekte nicht mehr erkannt werden können. Umgekehrt zeigt diese Darstellung aber auch Möglichkeiten: Mit eigenen Gedanken, einem konstruktiven Umgang mit eigenen Gefühlen, konstruktivem eigenen Verhalten, aktiver Verarbeitungsbereitschaft und Achtsamkeit in der Ausformung einer wertfreien Einstellung kann man selbst darauf hinwirken, die nächste Wahrnehmung nahezu unbeeinflusst und wertfrei anzunehmen. Dafür gilt es, den Kreislauf zu entschleunigen und schließlich auch zeitweilen in die entgegengesetzte Richtung in Gang zu setzen. Damit lässt sich der Blick für den Pluralismus wiederfinden.

> **Gedankenkino**
>
> In unserem Beispiel hätte Ottilie selbst mehrmals die Chance gehabt, das nächste Zusammentreffen wertfrei wahrzunehmen: Durch Nachfragen wäre es möglich gewesen, die Wahrnehmung zum Verschwinden des Schwiegersohnes zu korrigieren als nicht gegen sie gerichtet. Sie hätte ihren Gedanken die Freiheit lassen können, etwa auch andere Ursachen für die gedeutete schlechte Laune als möglich zuzulassen. Sie hätte ein konstruktives Verhalten und damit die Grundlage für eine wertfreie Verarbeitung mit ihren Gefühlen und der Situation wählen und schließlich Achtsamkeit gegenüber der Bildung von Vorurteilen üben können. Natürlich wäre es genauso möglich gewesen, von außen in jeden einzelnen dieser Schritte unterstützend korrigierend einzugreifen.

Formen des Konfliktverhaltens – und die Konsequenzen

So vielfältig wir Menschen in unserem Drang nach Individualität sind, so vielfältig sind auch die Umgangsformen mit Konflikten. Jeder hat seine persönlichen Lernfelder, die im Austausch mit anderen Menschen Konfliktpotenzial und damit auch Entwicklungspotenzial in sich bergen. Dabei gibt es unendlich viele Reaktionen, scheinbar auf situationsbezogene äußere Reize und Faktoren rückführbar in der dem Moment einzigartig angehörenden Konstellation, tatsächlich aber in erster Linie geprägt durch die Persönlichkeit der Akteure und ihre individuelle Erfahrungsgeschichte bei unterschiedlicher Verarbeitung und damit Prägung in der Wahrnehmungs- und Verarbeitungsfähigkeit.

Trotz all dieser Vielfalt gibt es grob umreißbare Gemeinsamkeiten im Verhalten der Menschen in einer Konfliktsituation, welche von außen beobachtet werden können. Diese Gemeinsamkeiten resultieren wohl daraus, dass wir nicht nur nach kulturellen Bereichen unterschiedlich ausgeprägte Wege der sozialen Entwicklung gemeinsam durchlaufen sind – darauf basiert nicht zuletzt auch das oben beschriebene Modell der Konflikteskalation mit menschheitsgeschichtlich betrachtet degressiver Lösungskompetenz von der Konsensfähigkeit herunter über Kompromissfähigkeit, die Fähigkeit zur Delegation, die Prinzipien der Unterordnung, die Vernichtung bis hin zur Flucht –, sondern bereits ab den ersten Minuten des menschlichen Daseins alle einer

Prägung im Umgang mit Konflikten unterzogen werden: Im ersten der vier Grundkonflikte gilt es, selbst die Atmungsfunktion zu übernehmen und die Welt außerhalb des Mutterleibs zu erfahren. Es werden erstmals Mangelzustände erlebt, und es folgen die Erfahrungen der nachträglichen Bedürfnisbefriedigung etwa durch den Körperkontakt, das Stillen, das Wickeln und die beruhigenden Stimmen. Es bildet sich hier aus dem Kampf um die grundlegendsten Anforderungen an das Leben bei gleichzeitiger Wahrnehmung eines hilflosen Ausgeliefertseins in der Befriedigung der Bedürfnisse der Grundstein für die Ausgewogenheit zwischen Vertrauen und Misstrauen im gesamten Leben. Beim zweiten Grundkonflikt, zu dem die Prägung um den fünften Lebensmonat herum beginnt und einhergeht mit den ersten Versuchen fester Nahrungsaufnahme und den ersten Erfahrungen eigener Mobilität, geht es um die ersten Nähe-Distanz-Erfahrungen, die eine Basis für das weitere Leben sein sollen. Es geht hier um den Umgang mit Reaktionen der Umwelt auf eigenes Verhalten, um das Ausloten eigener Grenzen im Bedürfnis nach Nähe und Distanz zu den Hauptbezugspersonen und in weiterer Folge auch dem weiteren Umfeld. Beim dritten Grundkonflikt, zu welchem die Prägung im zeitlichen Zusammenhang mit dem Sauberwerden erfolgt, geht es um das Konfliktpaar der Selbstbestimmung versus der Fremdbestimmung, bedeutsam für den Umgang mit Normen und das Selbstbewusstsein. Der vierte und letzte Grundkonflikt schließlich, welcher in etwa bis zur Volksschulreife abgeschlossen sein sollte in seiner ersten Entwicklungsrunde, prägt die geschlechtliche Identität in einem Gegensatzpaar von Narzissmus und

Selbstverleugnung. Diese vier Grundkonflikte werden in der Entwicklung der Persönlichkeit mehrmals durchlaufen, was dem Mensch auch bei unvorteilhafter Prägung im ersten Durchgang die mehrmalige Möglichkeit gibt, sich selbst zu formen bei bewusster Auseinandersetzung mit sich selbst.

Die im Umfeld mit diesen Grundprägungen antrainierten Muster – sei es durch Erziehung, sei es durch Erfahrung, sei es durch neurobiologische Prägung – steuern oftmals unerkannt unser Verhalten: Resignation, Angriff, Manipulation, Rache, Bitten und Betteln – das sind die wohl bekanntesten Formen des Umganges mit Konfliktsituationen, die wir im Alltag immer wieder antreffen. Es sind Muster, welche wir bereits in frühesten Jahren unserer Kindheit kennenlernen und ausprobieren, wenn sich etwas als Hindernis zu erweisen scheint auf dem Weg zu einer gewünschten Zielerreichung. Je nach der persönlichen Erfahrung aus frühester Kindheit wird sich ein Muster in uns einprägen, welches wir als automatisches Notfallprogramm reflexartig abspulen können, wenn sich eine Situation als bedrohlich für unsere Bedürfniserfüllung präsentiert. Vermeintlich erlauben es diese Muster, einer Auseinandersetzung mit den in einer auslösenden Situation auftretenden eigenen Emotionen zu entkommen. Tatsächlich wirken sie allerdings wie selbsterfüllende Prophezeiungen, festigen mit einer neuen, durch das Muster herbeiorganisierten Erfahrung die eigene leidvolle Erfahrung, welche zum Aufbau des Musters geführt hat.

Resignation etwa führt nur erneut zu einem Einigeln und damit einer Einsamkeit mit den eigenen Bedürfnissen.

> **Gedankenkino**
>
> Melanie liebt ihre Enkelkinder und würde ihre Tochter und dessen Mann wahnsinnig gerne unterstützen. Doch immer und immer wieder kommt es aus ihrer Sicht zu Missverständnissen: Ihr Schwiegersohn beklagt sich sogar schon bei den gemeinsamen Bekannten über die ständigen Einmischungen – dabei will sie doch nur helfen. Sie beschließt, sich zurückzuziehen, und sitzt seither oft stundenlang vor den Fotoalben, um sich Fotos ihrer Tochter aus deren Kindheit und solche ihrer Enkelkinder anzusehen. Ihr Schwiegersohn ist währenddessen erleichtert, da die häufigen Besuche nun ausbleiben.

Angriff führt erneut zur Trauer darüber, dass die eigenen Bedürfnisse auch bei einer zwangsweisen Durchsetzung eigener Standpunkte auf der Strecke bleiben.

> **Gedankenkino**
>
> Sobald Georgs Schwiegermutter auch nur die Frage nach den Urlaubsplänen stellt, beginnt er laut zu werden. Er unterstellt ihr sofort, ihm und seiner Frau nicht eingestehen zu wollen, die hart erarbeiteten Urlaubsersparnisse nach eigenen Vorstellungen verplanen zu dürfen. Es gehe sie überhaupt nichts an, wohin sie fliegen würden, und es interessiere ihn nicht, wie man früher Urlaub gemacht und dabei Geld gespart habe. Er erreicht, dass seine Schwiegermutter das Thema fallen lässt und sich bald darauf verabschiedet. Innerlich fühlt sich Georg allerdings nach der Verabschiedung ausgepowert und leer. So gerne hätte er eine gute Beziehung zu seiner Schwiegermutter, zum Beispiel so wie zur Mutter seiner Exfrau, die ihm immer verständnisvoll zugehört hat und der es ganz offensichtlich wichtig war, dass es ihm gut geht.

Auch Rache bewirkt keinesfalls Zufriedenheit und Genugtuung, sondern hinterlässt stets einen bitteren Nachgeschmack, da sie die Selbstachtung nicht zu steigern vermag, sondern die eigene Emotion der Wut gegenüber der eigenen Ohnmacht, Flexibilität und Wertfreiheit zu erleben verstärkt und auf das eigene Weltbild als ein ohnehin von Ungerechtigkeit geprägter Ort abfärbt.

> **Gedankenkino**
>
> Petra zeigt ihren Schwiegersohn Alexander bei der Finanzpolizei an. Es geht ihr darum, dass er endlich mal erkennen soll, dass man ihr gegenüber Respekt zu beweisen hat und ihre Rolle als Oberhaupt der Familie nicht infrage zu stellen ist. Endlich soll er erkennen, dass man sie lieber zum Freund haben soll, da das sonst fürchterliche Konsequenzen hat. Doch die Anzeige verfehlt ganz klar das Ziel: Alexander behandelt sie nun noch verächtlicher, und in ihr will das Gefühl der Genugtuung nicht aufsteigen. Im Gegenteil fühlt sie sich nun noch ohnmächtiger, und die Angst, die sie mittlerweile um ihre Tochter und die eigene Beziehung zu ihr hat, wird unerträglich. Sie kann sich außerdem kaum noch in den Spiegel schauen: Noch vor einigen Jahren war doch sie es, die so gar nicht nachvollziehen konnte, wozu Michael Douglas im Film „Rosenkrieg" fähig war. Wo ist bloß ihre Geradlinigkeit, ihre Werttreue, die sie doch immer zu einem so beliebten Menschen gemacht hatte, geblieben?

Bitten und Betteln verstärkt zumeist genau das Gegenteil der Intention: Statt mit seinen Bedürfnissen gesehen zu werden, zwingt man das Gegenüber in selbstzerstörerischer Weise meist förmlich dazu, auf Abstand zu gehen, wodurch es zu einem abwehrenden Entfremdungsprozess kommt und erneut nur die Opferrolle geerntet werden kann.

> **Gedankenkino**
>
> Fritz wird nicht müde, sich in Gegenwart seiner Schwiegermutter Klara klein zu machen und darum zu bitten, ihn doch ernst zu nehmen und auch ihm etwas zuzutrauen. Auch er habe beispielsweise eine Meinung zu den Themen der Kindererziehung, und er bitte sie, sich doch rauszuhalten, wenn er mit seiner Frau einen Disput hat. Er bitte sie inständig, ihn nicht ständig runterzumachen und sich ohne Hintergrundwissen immer wieder auf der Seite der Argumente seiner Frau stehend einzumischen. Er habe solche Angst, dass seine Frau ihn dann auch nicht mehr für voll nehme. Doch je mehr Fritz um Respekt und Wertschätzung seiner Person gegenüber bettelte, desto weniger erhielt er sie. Irgendwann begann Klara sogar, ihn überhaupt wie Luft zu behandeln und auch in seiner Gegenwart über ihn nur noch in dritter Person zu sprechen.

Bei der Manipulation schließlich handelt es sich um ein Konfliktmuster, welches am schnellsten und im direkten Weg Auswirkungen auf andere Mitglieder des sozialen Systems der Familie nehmen kann. Es werden Täuschungsstrategien eingesetzt, um eine andere Person dazu zu bewegen, sich der eigenen Wahrnehmung und somit Vorstellung von Wirklichkeit vorbehaltlos anzuschließen. Es werden Sachverhalte dramatisiert und dabei Schuldgefühle herbeiorganisiert, welche die Wirkung einer Nebelgranate gegenüber anderslautenden Wahrnehmungen entfalten sollen. Ist das Ziel der Gefolgschaft erreicht, so wird mit positiven Verstärkungen etwa in Form überzogener emotionaler Zuwendungen nicht gespart, während im Fall der Verweigerung der Gefolgschaft noch mehr des Nebels herbeigeführt und im Extremfall auch vor emotionaler Erpressung etwa in Form von angedrohtem oder auch vorgespieltem Liebesentzug nicht Halt gemacht wird. Auch vor emotionaler Geiselnahme am Konflikt unbeteiligter Personen wird dabei nicht Halt gemacht. Zwar werden Ziele häufig erreicht unter Einsatz dieses Musters, doch damit einher geht die konsequente Überbindung der Verantwortung für Konfliktanteile an andere Personen und somit die stetige Abnahme der Selbstbestimmungsmöglichkeit im eigenen Leben. Es entsteht zunehmend eine Abhängigkeit bei gleichzeitiger Überforderung des näheren sozialen Umfeldes, das dementsprechend labilisiert wird und im Extremfall Selbstschutzmechanismen aktiviert, die bis hin zu einer Ausgrenzung führen können.

> **Gedankenkino**
>
> Bei jedem Zusammentreffen von Pamela mit ihrer Mutter Simone schildert Simone weinerlich, dass sie schon gar nicht mehr wisse, wie sie damit umgehen soll, dass Heinz, der Mann von Pamela, so abweisend sei zu ihr. Sie könne wegen der gesamten Situation schon gar nicht mehr schlafen und fühle sich enorm ausgelaugt. Sie wisse auch nicht, ob sie denn noch weiter in der Lage sei, auf die drei Enkelkinder auch in Zukunft noch regelmäßig aufzupassen, wenn sich denn nicht endlich etwas ändert. Auch wisse sie eigentlich nicht, ob sie weiterhin zu Pamela das Vertrauen haben könne, das sie immer gehabt habe, denn Pamela gehöre ja jetzt eigentlich gar nicht mehr so richtig zu ihrer Familie. Pamela lässt sich dieser Art die Verantwortung überbinden und stellt nach vergeblichen Versuchen, ihren Mann dazu zu bewegen, wieder einen regelmäßigen Kontakt zu seiner Schwiegermutter zuzulassen, bei welchem er auf diese Rücksicht zu nehmen und sich mit eigenen Ansichten zurückzuhalten habe, diesem ein Ultimatum.

Neben diesen beschriebenen Mustern, welche das Konfliktverhalten prägen, gibt es noch weitere Symptome, welche regelmäßig in Konfliktverläufen beobachtet werden können. Zu beachten ist dabei jeweils, dass diese, wie auch die beschriebenen Muster, nicht nur in reiner Form, sondern oft auch in Vermischungen und auch abwechselnd auftreten können. Eines dieser weiteren Merkmale ist der unterkühlt oder überhitzt ausgeformte Konfliktstil.

Beim überhitzt geführten Konflikt wird Emotionen deutlich, manchmal auch übertrieben, Ausdruck verliehen. Es kommt zu Ausbrüchen, welche zunächst durchaus auch die Funktion eines reinigenden Gewitters haben können: Immerhin wird jeweils deutlich gezeigt, dass Verspannungen bestehen, und somit die Bedürftigkeit im Gesehenwerden mit den eigenen Interessen schwer überhörbar signalisiert. Das Werben für den eigenen Standpunkt erfolgt hier offen, der eigenen Position wird in lustvoll kampfbereiter Manier Nachdruck verliehen. Durch die ungezügelte Aggressivität kann es zu einer raschen Eskalation kommen, bei welcher das Selbstwertgefühl zunehmend aufgeblasen wird zu Lasten der Empathiefähigkeit. Das Gegenüber wird dabei zunehmend in seinem Selbstwert bekämpft, wobei auch die Öffentlichkeit in Form von Diskreditierungen eingeladen wird zur Teilnahme am Feldzug.

Bei der unterkühlt eskalierenden Konfliktkultur wird hingegen der Verdeckung von Emotionen der Vorzug gegeben. Eigene Emotionen werden versteckt, wenngleich damit die immanente Gefahr in Kauf genommen werden muss, dass es zu Implosionen kommt mit einhergehenden schweren Befindlichkeitsstörungen bis hin zu Ohnmachtsgefühlen, Selbsthass und Depressionen; die Kommunikation wird spärlicher und zunehmend verschlüsselt und indirekt.

Handlungen, denen lange Vorbereitungen im inneren Gedankenspiel vorangehen, werden vordergründig mit Sachzwängen und weniger mit eigenen Ambitionen begründet. Koalitionen werden im Geheimen eingegangen und genauso wie der Anteil an Auswirkungen von in die Wege geleiteten Maßnahmen in der Öffentlichkeit geleugnet.

Eigentlich sind wir ja gewohnt, dass automatische Abläufe unser Leben erleichtern: Die automatische Klimaanlage übernimmt für uns die Regelung der Kalt- und Warmluftzufuhr in der zur schnellstmöglichen Erreichung und anschließend Haltung der gewählten Temperatur erforderlichen Intensität; die mit Vollautomatik versehene Waschmaschine erkennt für uns den Verschmutzungsgrad der Wäsche und wählt automatisch die erforderliche Menge Waschmittel, aber auch das geeignete Waschprogramm; das Automatikprogramm in den Spiegelreflexkameras übernimmt für uns automatisch die richtige Blende und Belichtung. Doch mit den automatischen Verhaltensmustern, welche wir für uns entwickelt haben, um auf Situationen, denen wir nicht gewachsen zu sein glauben oder zu denen wir uns eine rasche Beseitigung wünschen wegen der ihnen von uns bewusst oder unbewusst beigemessenen Bedeutung der Gefahr für unsere Integrität, verhält es sich irgendwie anders. Sie lassen uns immer wieder tiefer in eine an sich so nicht gewünschte Situation tappen, bis wir entweder daran zerbrechen oder uns und ihrer Wurzeln bewusst werden und beschließen, hier die erforderliche Energie aufzubringen, um den Auslösemechanismus durch intensive Selbstreflexion und Persönlichkeitsarbeit beseitigen zu können. Dann kann es bei einiger Übung auch wieder möglich werden, in den jeweiligen Situationen auf manuellen Betrieb umzustellen, also auf eine bewusste Wahrnehmung und Steuerung von situationsangemessenem Denken, Wollen und Handeln unter respektvoller Annahme der dabei aufkommenden eigenen Emotionen.

Auf diese Weise kann es auch gelingen, einen konstruktiveren Zugang zu Konflikten zu erhalten. Denn automatische Verhaltensmuster führen in Situationen, zu denen wir uns in unserem Denken, Fühlen und Wollen durch eine andere Person eingeschränkt fühlen, unser Konfliktverhalten und nehmen uns so die Möglichkeit eigenverantwortlichen, situationsangepassten und auch in den Konsequenzen erwünschten Verhaltens. Wer solcherart als Konflikttreiber ein antrainiertes Konfliktmuster unkontrolliert laufen lässt, wird sich sehr rasch gleichsam einem Kapitän eines riesigen Öltankers, bei welchem auf hoher See das Steuer gebrochen ist und welches nun der Meeresströmung und dem Wellengang ausgeliefert ist und jederzeit droht, Havarie zu nehmen mit dramatischen Auswirkungen auf die Umwelt, in einer Situation wiederfinden, in welcher nicht er beziehungsweise sie einen Konflikt hat, sondern umgekehrt der Konflikt ihn beziehungsweise sie hat.

Es manifestieren sich diese Muster, zu denen uns in den entscheidenden Momenten, die wir als bedrohlich wahrnehmen, die Kontrolle zu fehlen scheint, übrigens nicht bloß in unserem Konfliktverhalten. Sie schlagen auch in Form der sogenannten Lebensfallen zu: Es handelt sich bei diesen Lebensfallen um Muster, die wir unbewusst zur Anwendung bringen, um immer und immer wieder Situationen herbeizuführen, welche von uns unverarbeitete Gefühle auszulösen geeignet erscheinen, welche irgendwann in unserem Leben, meist bereits in der frühen Kindheit, von einer unaufgearbeiteten Situation ausgelöst wurden. Dies wiederholen wir, unbewusst, immer und immer wieder, wobei die Wahrscheinlichkeit, damit Heilung und eigenverantwortliche Lebensfreude zu entdecken und zu erfahren, mit jener Aussicht verglichen werden kann, die ein Lottospieler bei Abgabe eines Tipps auf einen Millionengewinn hat. Vielmehr werden die zugrunde liegenden Entbehrungen und Verletzungen ständig verstärkt und erhalten Macht über die Gegenwart in einem Ausmaß, das eigenverantwortliches Wahrnehmen, Denken, Fühlen und Handeln unmöglich werden lässt. Der Mensch verkommt emotional zum Sklaven seiner Muster, wobei diese Fallen auch vor dem näheren Umfeld nicht Halt machen: Aus dem lebensfrohen Partner wird ein von Depressionen bedrohter Mensch, aus dem entscheidungsfreudigen Schwiegersohn wird ein von Selbstzweifeln zerfressener Mann. Jeffrey E. Young und Janet S. Klosko gehen davon aus, dass es elf verschiedene solche Lebensfallen gibt, wobei man auch in mehreren gleichzeitig gefangen sein kann: Verlassenheit und Misstrauen beziehungsweise Missbrauch als Folge eines Mangels an Sicherheit in der Ursprungsfamilie, Abhängigkeit und Verletzbarkeit in Bezug auf die Fähigkeit, in der Welt eigenverantwortlich bestehen zu können, emotionale Entbehrung und soziale Isolation im Zusammenhang mit der Stärke emotionaler Verbindungen zu anderen Menschen, Unzulänglichkeit und Versagen als Ausdruck von Problemen in der Selbstachtung, Unterwerfung und überhöhte Standards bei Defiziten in der Fähigkeit, das zum Ausdruck zu bringen, dessen es zur Erfüllung der eigenen Bedürfnisse bedarf, sowie Anspruchshaltung in Form von Schwierigkeiten, sich selbst zu disziplinieren und realistische Grenzen zu akzeptieren. Werden diese Lebensfallen nicht aufgedeckt und aufgearbeitet, so sehen sich die Betroffenen immer und immer wieder gleichartigen Situationen ausgesetzt – auch bei wechselnden Akteuren. „Und täglich grüßt das Murmeltier."

Ein Aufdecken der eigenen Verhaltensmuster sowie Lebensfallen mit anschließender Aufarbeitung der Wurzeln und bewusster Übung der situationsangepassten Eigenwahrnehmung zur Wiedererlangung und Erhaltung der Fähigkeit eigenverantwortlichen Verhaltens auch in Konfliktsituationen macht somit nicht nur Sinn für eine bessere Konfliktfähigkeit; es kann auch hilfreich sein für die Erlangung beziehungsweise Erhaltung der Fähigkeit, ein eigenverantwortliches Leben zu führen. Auch gesundheitlich im Sinne der körperlichen Komponente kann ein Negieren des Erfordernisses der Erlangung konstruktiver Konfliktfähigkeit Auswirkungen haben. Neben einer ganzen Reihe von psychologischen Krankheitsbildern sind es nämlich auch somatische Beschwerden, welche sich bei längerem Anhalten zu chronischen Problemen auswachsen können bis hin zu einer Bedrohung zentraler Lebensfunktionen, die ihre Ursache in unkontrolliert hocheskalierten Konflikten haben: Nicht nur Depressionen bis hin zur Suizidgefahr, auch Muskelverspannungen, Gewebeschwäche, Hautkrankheiten, Atemwegsbeschwerden und Herz-/Kreislaufprobleme sind neben den sozialen Bindungsproblemen oftmalige Begleiterscheinungen von unbeachteten Lebensfallen und in Mustern unkontrolliert hocheskalierten Konflikten.

Kultureller Hintergrund

Für das Verständnis der hinter einem Konflikt erkennbaren Dynamik ist es in den meisten Fällen hilfreich, die kulturellen Hintergründe der Akteure und des Umfeldes, in welchem der Konflikt ausgetragen wird, zu durchleuchten. Nachdem Konflikte mit dem Wachstum des Menschen und seiner Evolution verbunden sind wie die Nut mit der Feder, hat sich die Menschheit immer schon mit dem Wesen des Konfliktes und seiner Bewältigung beziehungsweise Beilegung beschäftigt. Dabei haben sich, ähnlich der unterschiedlichen Entwicklung etwa von Sprache und Religion, kulturelle Unterschiede ausgeprägt. Es kommt demnach also nicht bloß auf die individuellen Ausprägungen der Typologie und der erfahrungsbasierten Persönlichkeitsentwicklung an, welche Grundeinstellung zum Konflikt besteht und welche Muster eingesetzt werden, auch die kulturelle Zugehörigkeit prägt den Verlauf mit.

Jede Kultur hat sich beispielsweise Interpretationen zu Zeichen und Ritualen gegeben. Am deutlichsten wird dies in der Zeichensprache. Wenn beispielsweise ein Österreicher einem anderen nonverbal zu verstehen geben möchte, dass es ihm gut geht, so wird ihm dies mit Hilfe eines von Daumen und Zeigefinger gebildeten Kreises, welchen er dem anderen zeigt, ganz gut gelingen. Wehe aber, diese Zeichensprache wird gegenüber einem Spanier verwendet: Die wahrscheinlichste Reaktion darauf wird ein hochroter Kopf, gefolgt von einem rasch und laut gesprochenen Wortschwall, sein, vielleicht sogar verbunden mit einer körperlichen Attacke des Gestikulierenden. Um das zu verstehen, muss man die Konventionen in der spanischen Kultur kennen: Dort bedeutet dieses Symbol nämlich für gewöhnlich, dass man den anderen für ein Arschloch hält.

Ähnlich ist es auch mit dem üblicherweise eingenommenen Abstand zu anderen Menschen. In der österreichischen Kultur ist es üblich, nicht in die Aura des anderen einzutreten, also bei einer Kommunikation von Angesicht zu Angesicht etwa jenen Mindestabstand zu wahren, welcher sich aus den beiden Unterarmlängen der Kommunikationspartner ergibt. Am besten kann das beobachtet werden, wenn sich die beiden am Beginn des Gespräches zur Begrüßung die Hand reichen. Wird der Mindestabstand nicht gewahrt, so wird einer der beiden durch einen Schritt zurück umgehend eine Korrektur vornehmen. Spannend wird es, wenn nun eine unbedarfte Begegnung mit einem Südamerikaner stattfindet, welcher aus seiner Tradition heraus, ohne damit Aggressivität signalisieren zu wollen, automatisch einen geringeren Abstand zum Antlitz des Gegenübers einnimmt.

Man könnte dieser Beschreibung eine Unzahl von weiteren Beispielen anschließen, in welchen ein und derselben äußerlich wahrnehmbaren Begebenheit von verschiedenen Kulturen unterschiedliche Bedeutungen beigemessen werden. Mit jeweils der Möglichkeit, interkulturelle Begegnungen zum Quell von Missverständnissen zu machen, welche weitreichende Folgen haben können: Ungewollt schlittern die Repräsentanten der verschiedenen Kulturen dabei in gegenseitiges Unverständnis und Misstrauen, welches ansteckend wirkt für sämtliche in weiterer Folge verfolgten Interessen.

So wie die verbale, aber auch – wie soeben veranschaulicht – die nonverbale Kommunikation kulturelle Unterschiede aufweisen, ebenso ist es der Umgang mit Differenzen und Konflikten, zu welchem kulturell ausgeprägt unterschiedliche Zugänge entstanden sind. Während der Europäer, insbesondere der Westeuropäer, in den letzten Jahrzehnten etwa Tendenzen entwickelt hat, zu allen Eventualitäten strickte Sanktionsmuster zu entwickeln mit abgegrenzter Verantwortlichkeit bei ausführlich erläuterter Schuldfrage, so haben sich in Asien beispielsweise Denkweisen der zirkulären Auflösung von Zwischenfällen in der Gewissheit des energetisch begünstigten Ausgleiches über Zeit und Beziehung erhalten. In zahlreichen Kulturen dieser Welt haben sich dabei auch prozedual und nicht bloß von der Einstellung her sehr unterschiedliche Formen der Konfliktbeilegung entwickelt: Über tagelang andauernde Erläuterungen der Konfliktparteien über ihre Beweggründe, Bedürfnisse und Interessen in der Gemeinschaft aller Stammesmitglieder bis hin zum Punkt, an welchem Verzeihung erreicht werden kann, wird in der Literatur genauso berichtet wie über Sanktionsrituale bei ausgewählten Weisen.

So wie die kulturell verschiedenen Bedeutungsgebungen in erster Linie Tür und Tor für Missverständnisse öffnen, so führen die unterschiedlichen Einstellungen zu Differenzen und Konfliktaustragung zu unterschiedlichen Erwartungshaltungen in der Überzeugung, die selbst praktizierte Form sei die einzig geeignete. Meist sind damit Abwertungstendenzen anderen Zugangsformen gegenüber verbunden – Abwertungstendenzen, welche ebenfalls das Klima vergiften und als Konflikttreiber wirken. Denn auf einem traditionellen Basar wird der Kaufmann bei Verhandlungen über Garantie- und Gewährleistungsansprüche bei einem Erwerb der feilgepriesenen Ware nur ungläubig den Kopf schütteln und dabei an Bereitschaft verlieren, die Interessen seines Gegenübers mit in seine Verhandlungsposition zu übernehmen, während der Käufer auf der anderen Seite nichts anzufangen weiß mit dem Ritual des Aufbaus einer Beziehung etwa in Form eines Teezeremoniells vor Beginn eines Gespräches über Preis und Ware und darob ebenfalls sich selbst einer Einengung der eigenen Kompetenzen in der Verhandlungsführung aussetzt.

Was sich bei ganzen Kulturkreisen beobachten lässt, dass trifft auch in nahezu gleicher Dimension auf das Einzelschicksal der Familie zu. Auch Familien geben sich eine Kultur, welche in weiten Lebensbereichen unterschiedlich sein kann zu jener anderer Familien selbst gleicher ethnischer Herkunft. Wenn beispielsweise in der einen Familie zum Frühstück im gemütlichen Beisein aller Familienmitglieder Nutellabrot gegessen wird, während in der Nachbarsfamilie ein Frühstück aus einem Specksemmerl besteht, das man einzeln auf seinem Weg in den Tag jeder für sich allein herunterschlingt, dann liegt es für den beide Seiten kennenden Außenstehenden auf der Hand, dass Mitglieder der beiden Familien, die aufeinanderstoßen und von Frühstück reden, beide zwar dasselbe Wort verwenden, aber selbstverständlich etwas anderes meinen. Gesetzt den Fall, dass die beiden sich in der Annahme, ohnehin unmissverständlich dieselbe Sprache mit derselben Bedeutung zu sprechen, einander ohne näheres Hinterfragen zum Frühstück verabreden, so ist vorprogrammiert, dass es für einen Außenstehenden – weniger wohl aber für die Beteiligten – zu unterhaltsamen Szenen kommen wird.

Familien sind also oftmals kulturell so unterschiedlich, wie es ein afrikanischer Stamm und eine sizilianische Großfamilie sein können. Mit einer die Erwartungshaltung der Unterschiedlichkeit hemmenden Abweichung: Vermeintlich sprechen sie dieselbe Sprache, vermeintlich gehören sie sogar derselben Religion an. Und dennoch ist die Wahrscheinlichkeit äußerst hoch, dass gravierende Unterschiede in den Einstellungen, Kommunikationsweisen, Bedürfnissen und Interessen vorhanden sind: Allein in der Tiefe der Kommunikation der Familienmitglieder untereinander, dem Umgang mit Konflikten, dem Stellenwert der Verzeihung, der Abhaltung von Feierlichkeiten wie Geburtstag, Namenstag oder Weihnachten und zahlreichen anderen Elementen des Familienlebens kann abgesehen werden, dass hier ganze Welten zwischen den verschiedenen Gebräuchen liegen können. Treffen zwei Familien aufeinander, so kann man daher zumeist das Aufbrechen jener Konfliktfelder beobachten, welche für gewöhnlich bei interkulturellen Begegnungen anzutreffen sind. Verstärkt wird dies dadurch, dass die einzelnen Akteure nahezu unvorbereitet hineinrutschen, da sie ja eigentlich von einer Basis der Gemeinsamkeit aufgrund der äußerlich identen Erscheinungsmerkmale ausgegangen sind. Es bestehen hohe Anforderungen an den Einzelnen in den Bereichen der Offenheit, der konstruktiven Neugier, der Geduld und schließlich auch der beidseitigen Bereitschaft zur gegenseitigen Verständigung, um dieses Konfliktpotenzial anstelle einer unkontrollierten

Eskalation für das mögliche Wachstum der Gemeinschaft, aber auch der eigenen Persönlichkeit zu nutzen.

Weshalb diese interkulturelle Begegnung zwischen zwei verschiedenen Familienkulturen ihr volles Konfliktpotenzial zumeist auf der Beziehungsebene zwischen Schwiegermutter und Schwiegerkind entfacht, ist dabei leicht erklärlich. Während bei den beiden neu zueinandergekommenen Lebenspartnern vor allem in der Zeit des Kennenlernens eine missverständlich als „rosa Brille" bezeichnete hohe Bereitschaft anzutreffen ist, einander in konstruktiver Neugier kennenzulernen und gemeinsame Lösungen – und damit eine gemeinsame Kultur des Zusammenlebens – zu finden, wird das bei der Schwiegermutter nicht der Fall sein: Mit Befremden merkt sie Veränderungen am eigenen Kind, das nun plötzlich beispielsweise andere Frühstücksgewohnheiten als die jahrelang bewährten – die für das Kind natürlich die besten und einzig richtigen sind aus Sicht der Schwiegermutter – entwickelt und angenommen hat. Schuld – gerade in unserem westlichen Denken eine zentrale Frage bei sämtlichen Systemabweichungen – ist natürlich der neue Partner. Und wo Schuld gesehen wird, da ist der Ruf nach erforderlicher Sanktion nicht weit. So geht es mit zahlreichen Entwicklungen. Es entstehen zu ersten Themen Konflikte – mit dem Lebenspartner des Kindes, da die Schwiegermutter auf ihrer Suche nach Kausalität für die aus ihrer Warte unvorteilhaften, da von der Familienkultur abweichenden Veränderungen davon ausgeht, dass das eigene Kind manipuliert worden sein muss, es doch aus freien Stücken nicht den erlernten Weg verlassen würde. Gleichzeitig stauen sich Emotionen, aufgebaut auf Bedürfnissen und Interessen, in Schwiegermutter, aber auch Schwiegerkind auf.

Die Schwiegermutter beginnt, ganz besonders ab dem Zeitpunkt, ab welchem dann auch noch ein Enkelkind ins Haus steht, Defizite in ihrem Bedürfnis nach Sicherheit zu spüren: Immerhin hat der Jahrzehnte währende Prozess der Begleitung des eigenen Kindes auf dem Weg zum Erwachsenwerden eine Familienkultur geformt, welche nun verraten zu werden scheint durch das Abweichen, das Loslassen des Kindes. Es wird ein Interesse an einer Bewahrung der lieb gewonnenen Struktur geweckt, welches durch allenfalls bestehende unverarbeitete Traumata aus der eigenen Vergangenheit noch angeheizt wird: Immerhin hat die aus der Familienkultur gewonnene Sicherheit auch diese Traumata zuzudecken geholfen, die nunmehr wieder freigelegt werden durch den vermeintlichen, im eigenen Gefühlsleben aber realen Wegfall von Sicherheit.

Das Schwiegerkind hingegen ist in seinen Bedürfnissen und Interessen auf nahezu derselben Ebene getroffen: Auch hier ist durch das Entdecken einer gemeinsamen Basis mit dem Partner ein Rahmen der Sicherheit im Aufbau begriffen, die Geburtsstunde einer neuen Kultur eingeläutet.

Joanna Brodzik, eine polnische Schauspielerin, wird in einem Interview (Zaborek 2006) mit folgender Anekdote aus ihrem Leben zitiert: Einmal auf Besuch in Israel, stieg sie in einen Minibus, um vom Toten Meer nach Jerusalem zurückzufahren. Sie wurde vom Busfahrer gefragt: „Welcher Konfession gehören Sie an?" Sie antwortete: „Ich bin Christin." „Das sagt mir nichts", sagte der Busfahrer. „Sie sind Protestantin, Katholikin oder Orthodoxe. Wenn Sie

Protestantin sind, fahren wir die Route für Protestanten. Wenn Sie Katholikin sind, fahren wir die Route für Katholiken. Wenn Sie Jüdin sind, fahren wir die Route für Juden." Joanna Brodzik antwortete: „Wenn ich in Jerusalem bin, möchte ich alle Routen sehen." Komplett verzweifelt fragte der Busfahrer: „Auch die für die Muslime?" Er konnte das nicht begreifen, was für Brodzik selbstverständlich war: Eine Welt, in der jede kulturelle Identität ihren berechtigten Platz hat und öffentliche Anerkennung genießt und durchlässige Kontakte zulässt, ist vorstellbar.

Diese Anekdote zeigt anhand der Gräben, welche vielerorts zwischen den religiösen Konfessionen aufgerissen werden und zu hocheskalierenden Konflikten führen, eine Möglichkeit des Umganges mit interkulturellen Begegnungen auf. Es braucht das Selbstvertrauen, das eigene Selbst nicht zu verlieren durch eine Akzeptanz des Fremden. Erst dann ist erkennbar, dass die Begegnung mit anderen Identitäten im Kleinen sowie anderen Kulturen im Großen keiner reflexartigen Entscheidung zwischen Bekämpfen oder Assimilation bedarf. Erst dann wächst auch die Gewissheit, zur Vervollkommnung des eigenen Selbst des Fremden zu bedürfen und dabei in einem Klima der wechselseitigen wertschätzenden und offenen Neugier über gegenseitige Befähigung die nächsten Stufen der eigenen Persönlichkeitsbildung erklimmen zu können.

Familien sind soziale Kulturen. In der Begegnung bedarf es dabei für Wachstum grob gesprochen dreier Schritte: Das Fremde erkennen, das Fremde akzeptieren und das Fremde respektieren. Wer in einer interkulturellen Begegnung auch nur einen dieser Schritte übersieht, insbesondere in

Situationen des fremdbestimmten Aufeinandertreffens wie es zwischen Schwiegermutter und Schwiegerkind streng genommen der Fall ist, zumal die Entscheidung für eine eigenverantwortlich geführte Partnerschaft zwischen zwei Menschen nicht automatisch verbunden ist mit der Entscheidung über den Eintritt in eine andere Kultur, der läuft Gefahr, sich schon bald in einem heiligen Krieg wiederzufinden, bei welchem eigentlich keiner der Beteiligten so recht weiß, um welche Themen es überhaupt geht.

Die Bedeutung des Heimathafens

Gerne vergleiche ich die eigene Persönlichkeit eines Menschen mit einem Schiff. Das Licht der Welt erblickt die Persönlichkeit nach neun Monaten in der Werft, wo wichtige Grundlagen geschaffen wurden, im Mutterhafen. Es laufen in diesem Hafen einige Leute von nahe gelegenen Häfen herum, unterstützend, gelangweilt oder auch sabotierend. Beschaulich beobachtet man zunächst das Treiben in diesem Hafen und macht sich dann an die Arbeit, das eigene Schiff auszubauen und eine Mannschaft anzuheuern für das eigene Schiff: eine Mannschaft aus verschiedensten Personen, die man im Heimathafen vorfindet und von denen jeweils eine hervorragende Eigenschaft geeignet erscheint, irgendwann hilfreich zu sein; natürlich kann dabei aber nicht ausgeschlossen werden, dass man sich auch den einen oder anderen Saboteur mit an Bord holt, von dessen Nützlichkeit man erst durch das Erlernen des Umgangs mit ihm profitieren wird können. Zum Ausbau des Schiffs selbst braucht man Material. Material, das man in erster Linie im Hafen sucht. Man entwickelt Strategien, dieses Material zu bekommen. Im Optimalfall wird es da nicht viel Aufwand brauchen, um das Benötigte zu erlangen, um sein eigenes Schiff auszubauen, alle Anlagen zu verfeinern, um so richtig gewappnet zu sein für die hohe See. Es wird eine unermessliche Vielfalt an Material auf Lager sein, und selbst exotische Wünsche werden rasch vermittelt werden können, auch wenn sie nicht zu den Lagerbeständen dieses Hafens gehören. Im Optimalfall wird daher nahezu die gesamte Energie für das Verbauen des Materials zur Verfügung stehen. Doch was ist, wenn der Hafen ständig sabotiert wird, die Materialzufuhr daher nicht so klappt? Gerade zu Beginn des Schiffausbaus wird das ein Problem sein, denn den nächsten Hafen anzusteuern – daran ist noch nicht wirklich zu denken, zu schwach gewappnet ist das eigene Schiff erst gegen die Wagnisse der See. Was, wenn der Hafen selbst nur kümmerlich ausgebaut oder auch zum Teil schwer beschädigt ist? Einfach warten, bis der Hafeneigentümer sich an den Ausbau des Hafens macht, die Saboteure dingfest macht, beschädigte Infrastruktur wieder instand setzt? Oder sich selbst daran machen, weil der Hafeneigentümer zu lasch ist oder vor den Saboteuren resigniert hat? Solange der Hafeneigentümer nicht selbst für Ordnung sorgt und den Hafen zu einer Heimat ohne Mangelerscheinungen werden lässt, bedeutet das für den jungen Schiffseigner jedenfalls: Energie, die besser in den Schiffsausbau investiert werden sollte, geht verloren. Und er verliert unter Umständen sogar doppelt. Denn wenn er sich entscheidet, den Hafen wieder auf eigene Faust in Schuss zu bringen, kann es ihm passieren, dass er das Interesse der Saboteure auf sein eigenes Schiff lenkt oder der Hafeneigentümer nicht einverstanden ist mit der Art und Weise der Instandsetzung.

Und dann gibt es noch den Geist der Geschichte in diesem Hafen. Er steht für die eigenen Lebenserfahrungen des Hafeneigentümers und wird genährt vom Umgang des Hafeneigentümers mit diesen Begebenheiten. Wurden Schicksalsschläge, Hindernisse, Rückschläge und andere Misslichkeiten nicht angepackt, sondern wurden sie zu Traumata, die wulstig vernarbten oder nur eine dünne zerreißbare Haut auf die gerissene Wunde legten, so wird der Geist der Geschichte viele Lagerräume, meist unterirdisch und damit versteckt vom Blick der Akteure am Hafen, beherrschen und keinen Eintritt dulden. Lediglich der Hafeneigentümer könnte Raum für Raum zurückerobern, nur ihm stehen die Türen unverändert offen, während sie für andere gar nicht sichtbar sind. Doch vor jeder dieser Türen hat er einen Wärter abgestellt: Franz Kafkas Türhüter.

Gedankenkino

Vor dem Gesetz steht ein Türhüter. Zu diesem Türhüter kommt ein Mann vom Lande und bittet um Eintritt in das Gesetz. Aber der Türhüter sagt, dass er ihm jetzt den Eintritt nicht gewähren könne. Der Mann überlegt und fragt dann, ob er also etwas später werde eintreten dürfen. „Es ist möglich", sagt der Türhüter, „jetzt aber nicht." Da das Tor zum Gesetz offen steht wie immer und der Türhüter beiseite tritt, bückt sich der Mann, um durch das Tor in das Innere zu sehen. Als der Türhüter das merkt, lacht er und sagt: „Wenn es dich so lockt, versuche es doch trotz meines Verbotes hineinzugehen. Merke aber: Ich bin mächtig. Und ich bin nur der unterste Türhüter. Von Saal zu Saal stehen aber Türhüter, einer mächtiger als der andere. Schon den Anblick des dritten kann nicht einmal ich mehr ertragen." Solche Schwierigkeiten hatte der Mann vom Lande nicht erwartet; das Gesetz soll doch jedem und immer zugänglich sein, denkt er, aber als er jetzt den Türhüter in seinem Pelzmantel genauer ansieht, seine große Spitznase, den langen, dünnen, schwarzen tatarischen Bart, entschließt er sich, doch lieber zu warten, bis er die Erlaubnis zum Eintritt bekommt. Der Türhüter gibt ihm einen Schemel und lässt ihn seitwärts von der Tür sich niedersetzen. Dort sitzt er Tage und Jahre. Er macht viele Versuche, eingelassen zu werden, und ermüdet den Türhüter durch seine Bitten. Der Türhüter stellt öfters kleine Verhöre mit ihm an, fragt ihn über seine Heimat aus und nach vielem andern, es sind aber teilnahmslose Fragen, wie sie große Herren stellen, und zum Schlusse sagt er ihm immer wieder, dass er ihn noch nicht einlassen könne. Der Mann, der sich für seine Reise mit vielem ausgerüstet hat, verwendet alles, und sei es noch so wertvoll, um den Türhüter zu bestechen. Dieser nimmt zwar alles an, aber sagt dabei: „Ich nehme es nur an, damit du nicht glaubst, etwas versäumt zu haben." Während der vielen Jahre beobachtet der Mann den Türhüter fast ununterbrochen, er vergisst die anderen Türhüter und dieser erste erscheint ihm das einzige Hindernis für den Eintritt in das Gesetz. Er verflucht den unglücklichen Zufall, in den ersten Jahren rücksichtslos und laut, später, als er alt wird, brummt er nur noch vor sich hin. Er wird kindisch, und, da er in dem jahrelangen Studium des Türhüters auch die Flöhe in seinem Pelzkragen erkannt hat, bittet er auch die Flöhe, ihm zu helfen und den Türhüter umzustimmen. Schließlich wird sein Augenlicht schwach und er weiß nicht, ob es um ihn wirklich dunkler wird oder ob ihn nur seine Augen täuschen. Wohl aber erkennt er jetzt im Dunkel einen Glanz, der unverlöschlich aus der Türe des Gesetzes bricht. Nun lebt er nicht mehr lange. Vor seinem Tode sammeln sich in seinem Kopfe alle Erfahrungen der ganzen Zeit zu einer Frage, die er bisher an den Türhüter noch nicht gestellt hat. Er winkt ihm zu, da er seinen erstarrenden Körper nicht mehr aufrichten kann. Der Türhüter muss sich tief

> zu ihm hinunterneigen, denn der Größenunterschied hat sich sehr zu Ungunsten des Mannes verändert. „Was willst du denn jetzt noch wissen?" fragt der Türhüter, „du bist unersättlich." „Alle streben nach dem Gesetz", sagt der Mann, „wieso kommt es dann, dass in den vielen Jahren niemand außer mir Einlass verlangt hat?" Der Türhüter erkennt, dass der Mann schon an seinem Ende ist, und, um sein vergehendes Gehör noch zu erreichen, brüllt er ihn an: „Hier konnte niemand sonst Einlass erhalten, denn dieser Eingang war nur für dich bestimmt. Ich gehe jetzt und schließe ihn."
> (Aus Kafka F (1983) Der Prozess. Fischer, Frankfurt am Main, S. 182 f.)

Es steht dabei der Türhüter für die Realität, die sich der Hafeneigentümer zurechtgelegt hat. Für seine Sicht der Wahrheit, um mit der Welt zurechtzukommen. Um den Schmerz, den ihm vergangene Ereignisse zugefügt haben, und die Ohnmacht angesichts von Wahrheiten, deren Ursache und Sinnhaftigkeit er nicht erkennen und begreifen konnte, nicht in seine Gegenwart holen zu müssen. Der Hafeneigentümer hat sich in diesen schmerzhaften und ohnmächtigen Momenten einen Türhüter geschaffen, der ihm als Begründung dient, mit den in den hinter ihm liegenden Raum weggesperrten Ereignissen nicht in Berührung kommen zu können, sie gar nicht annehmen und verarbeiten zu können. Er hat sich dabei aber selbst klein gemacht, seinen Raum kleiner gemacht – und gleichzeitig den Türhüter geschaffen, dem er daran die Schuld geben kann: Denn immerhin ist es ja er, der den Eintritt verwehrt, der Wachstum verweigert, Unterstützungsersuchen ausschlägt.

Mit jedem Raum, der solchermaßen vom Hafeneigentümer verschlossen wird, sinkt aber auch die Attraktivität des Hafens: Immer weniger Platz bleibt für die kostbaren Waren aller Art, die im Hafen umgeschlagen werden könnten. Das spricht sich herum, und zunehmend werden auch die großen Handelsschiffe diesen Hafen meiden. Es bleiben immer mehr Händler aus, womit zunächst die ausgefallenen Waren wie exotische Gewürze und Geschmeide, später aber auch grundlegende Dinge wie Nahrung und Baumaterial zur Mangelware werden. Schlimm für den Hafeneigentümer, der nun immer weniger Möglichkeiten vorfinden wird, an glorreiche Zeiten einer schmucken Metropole anzuschließen, schlimm aber auch für die neu gebauten Schiffe, die mehr oder weniger fertiggestellt für die manchmal sehr raue hohe See in der Hafenwerft stehen und auf das erste Auslaufen warten.

Erste Ausfahrten der neuen Schiffe finden zunächst in die Häfen jener Personen statt, die ihrerseits regelmäßig im Mutterhafen herumgelaufen sind. Es wird dabei eine erste Erfahrung mit dem Wellengang auf dem Weg dorthin gemacht, jeweils nahe der Küste und damit mit der steten Sicherheit, in einem Notfall Hilfe von Land erlangen zu können. In den familiär und freundschaftlich verbundenen Häfen in der näheren Umgebung des Mutterhafens werden erste Erfahrungen in der Andersartigkeit anderer Häfen gemacht: neue Bauweisen, anders ausgerichtete und nutzbare Lagerräume, andere Händler. Man kommt auch mit bislang unbekannten Schiffen in Kontakt, die von weiten Ausfahrten und Abenteuern zu hoher See und in fremd anmutenden fernen Häfen zu berichten wissen. Man erlernt dabei die verschiedenen Dialekte der Seemannssprache und hört allerlei Geschichten über die Begebenheiten auf hoher See. Auch von Seeschlachten und Überfällen durch Piraten werden Geschichten erzählt, und man hört unterschiedliche Theorien, wie man sich vor diesen schützen kann oder notfalls bei einer unvermeidbaren Begegnung mit solcherlei Situationen reagieren könnte.

Egal wie weit entfernt ein angefahrener Hafen zur Auskundschaftung neuer Erfahrungen und zum Ankauf neuer Ausstattung und Ware für das eigene Schiff auch gelegen sein mag – es bleibt immer der Mutterhafen in der Erinnerung, und es bleibt immer eine Grundsehnsucht, diesen auch mal wieder ansteuern zu können – sei es zum Verschnaufen, sei es zur Reparatur in der Heimatwerft, sei es zum bloßen Austausch von Waren, sei es zum Wiedersehen mit dem Hafeneigentümer und der Belegschaft des Heimathafens.

Im Laufe eines Schiffslebens bleibt es auch kaum einem Schiff erspart, den Umgang mit Notsituationen zu erlernen und dabei eine eigene Herangehensweise zu entwickeln. Die Möglichkeiten reichen dabei von der von Vorsicht in seinen verschiedenen Ausprägungen gezeichneten Handlungsweise bis hin zur übermütigen Waghalsigkeit: Während die einen danach trachten, den Mutterhafen im besten Fall niemals verlassen zu müssen und sich begnügen mit den dort erhältlichen Waren und dem Lauschen der Berichte von anderen Schiffen über Vorkommnisse auf hoher See und in anderen Häfen, statten sich nicht ganz so Vorsichtige mit Notfallmaterialien aller Art aus bis hin zu einer Bestückung mit unzähligen Kanonen, um andere Schiffe auf hoher See fernhalten zu können. Die Wagemutigeren beschränken sich auf das Vertrauen und die guten eigenen Manövrierkenntnisse und die robuste Bauweise und führen nur wenige Notfallmaterialien ständig mit sich, um so ausreichend Platz zu haben für neu entdeckte Waren.

Unterschiede wird es schließlich auch in der eigenen Konstruktion des Schiffes geben: Während einige von ihrem Mutterhafen, in welchem die ursprünglichen Baupläne erstellt wurden, mit hohen Schotten ausgestattet wurden, um auch im Fall eines Treffers möglichst lange über Wasser gehalten werden zu können, ist dies bei anderen zugunsten von mehr Lagerkapazität und besserer Manövrierfähigkeit nicht der Fall – Umstände, die in einem Schiffsleben durch nachträgliche Umbauten geändert werden können.

Die meisten Schiffsbelegschaften werden schließlich irgendwann beginnen, sich ebenfalls einen Hafen zu bauen und dafür Partnerschaften und Kooperationen eingehen, um diesen Hafen zu einem weithin bekannten Umschlagplatz für Waren aller Art emporzuheben. Die Schiffsbelegschaft wird dabei zumeist aufbauen auf den Konstruktionsplänen jenes Hafens, in dem sie angeheuert wurden, und dabei die mehr oder weniger reichen Erfahrungen von der Besichtigung anderer Häfen sowie das Seemannsgarn, in das sie sich mehr oder weniger verstricken ließen, einfließen lassen. Der Hafen verfügt vielleicht auch über eine Werft, womit die Geschichte von vorne beginnt, wobei aus dem bloßen Schiffseigentümer nunmehr ein neuer Hafeneigentümer geworden ist.

Der Neue in der Familie

Betrachtet man die Familie als ein System, also als ein gesellschaftliches Gebilde, in welchem die Mitglieder zueinander in von Wechselwirkungen geprägten Bindungen stehen und in welchem über bewusste und auch unbewusste gemeinsame Regeln die einzelnen Leben auch in den Außenbeziehungen synallagmatische Abhängigkeiten aufweisen, so lassen sich Familien grob in zwei Lager einteilen – natürlich mit all den dazwischen denkbaren Abstufungen und temporären Entwicklungen: offene und geschlossene Systeme. Während dabei offene Systeme geprägt sind von einer als Selbstverständlichkeit gelebten gegenseitigen Wertschätzung, die getragen ist von bedingungsloser Liebe und Nähe bei gleichzeitiger Flexibilität und Wachstumsräumen für die individuelle Entwicklung und auch Andersartigkeit des Einzelnen, so herrscht im geschlossenen System ein rigides Normensystem, das auf strikter Unterwerfung jedes Einzelnen bei sonstiger Sanktionierung basiert und keinen Spielraum für neue Einflüsse von außen duldet. Der vermeintliche Vorteil des geschlossenen Systems ist dabei die Sicherheit des lange erprobten und damit in all seinen Einzelheiten bekannten Verhaltens sowie die Möglichkeit, nach außen als kompakte und unzertrennbare Einheit zu wirken – dies geht allerdings zu Lasten der Entfaltungsmöglichkeiten der einzelnen Mitglieder und des individuellen Selbstwertgefühls.

Zum Ausdruck kommen die Unterschiede insbesondere in den Wachstumsphasen, also wann immer ein Mitglied einer neuen Erfahrung gegenübersteht: Dies beginnt, um einige Beispiele zu nennen, in den ersten Lebensstunden eines neugeborenen Familienmitglieds etwa bei der Frage des Stillens und reicht über die Frage des richtigen Zeitpunkts für den Eintritt in den Kindergarten über die Berufswahl bis hin zur Form der Beisetzung. Während all diese Momente in einem offenen System mit wertschätzender Neugier begleitet werden unter Einschluss der zum jeweiligen Zeitpunkt sich bietenden Möglichkeiten, ist es in einem geschlossenen System, in welchem seit Generationen alle Mitglieder einem akademischen Beruf nachgegangen sind, etwa mit ernst zu nehmenden Irritationen und Störungen verbunden, wenn ein Kind entscheidet, eine künstlerische Laufbahn einschlagen zu wollen – egal wie groß das Talent ist. „Ein echter Mayer hat zu studieren – Künstler ist doch kein Beruf", bekommt das Kind dann zu hören und wird mit allen zur Verfügung stehenden Mitteln zurückzuholen versucht auf den konformen Weg: Macht, neurotische Abhängigkeit, Gehorsam, Deprivation, Konformität und Schuld sind hier die beherrschenden Faktoren, die getrieben aus Angst vor der andersartigen Umwelt eingesetzt werden. Letzte Sanktion ist dann schließlich der Ausschluss aus dem Schutz bietenden Verband.

Was in der Familie des Partners gewachsene Realität ist samt all den Lasten, die generationenübergreifend wirken, dazu haben also die Familienmitglieder im schlimmsten Fall ihre Strategien des Verbergens und der Verleugnung entwickelt – im besten Fall haben sie ein Klima aus Respekt und Grenzwahrung geschaffen, das den Nährboden für eine Aufarbeitung und persönliches Wachstum darstellt. Aber wenn man sich so umhört in unserer heutigen Gesellschaft, dann ist dieser Optimalfall leider viel zu selten anzutreffen, auch wenn krampfhaft der Anschein nach außen gewahrt wird, dass in der eigenen Familie ein enger Zusammenhalt sei. In der Zeit des immer noch währenden Wandels in unserer Gesellschaft weg vom starren gesellschaftlichen Rollenbild zwischen Mann und Frau, weg vom goldenen Käfig der Wahrung des Anscheins dessen, was sein muss unter Verleugnung dessen, was einfach nicht sein kann und darf, unter Leugnung großer Teile der eigenen Identität, auf diesem Weg hin zur Wahrung und Förderung des Individuums unter Zurückdrängung stereotypischer Verhaltensmuster haben wir offenbar ein Problem: Zwar hören wir immer wieder in der öffentlichen Gesellschaft, dass Diskriminierungen, Grenzüberschreitungen, Respektlosigkeiten verpönt sind, und es werden Muster von Toleranz und Individualisierung vorgegeben, doch haben diese Muster ihren Weg scheinbar nur in die Rationalität, nicht aber in die Seele und Herzen der Menschen gefunden. Was im Berufsleben zumindest im rational dominierten Bereich mittlerweile zunehmend gut funktioniert, wird vor allem im Wohnzimmer immer noch viel zu selten gelebt.

Auf die Frage nach dem „Warum?" findet man in der Neurobiologie und den generationenweisen Kindheitserfahrungen einige Antworten: Zwar schaffen wir es, rationell nachzuvollziehen, dass es doch nicht sein kann, dass Frauen diskriminiert werden in ihren Berufsmöglichkeiten und für Menschen mit Behinderung Hürden in ihrem Alltag aufrechterhalten werden, doch steht da offenbar etwas im Weg, um diese seit über einem Jahrhundert angestrebte von bedingungsloser Wertschätzung gegenüber allen Mitmenschen geprägte Gesellschaftsform in der sogenannten zivilisierten Welt zu verankern und damit Rückständigkeiten gegenüber so manchen Naturvölkern wettzumachen, die so gerne belächelt werden ob ihrer Lebensweise. Dieses „Etwas", das da im Weg steht, ist meist in der eigenen

Familie zu finden, meist gut versteckt. Es ist der Umgang einer Familie mit eigenen Bedürfnissen und vor allem Bedürfnismängeln, der über die Spiegelneuronen bereits im frühesten Kindesalter angelegt und dann „gepflegt" wird: Werden Bedürfnisse und darauf aufbauend Emotionen des Kindes zugelassen und gehört, oder ist das Funktionieren nach den eigenen Erfahrungen – die durch die neurobiologische Vorprägung unter Umständen ja nicht mal die eigenen, sondern die der in den Horrorzeiten der zwei Weltkriege aufgewachsenen Großmütter sind – zur Pflicht erhoben? Schafft es eine Mutter, ihr eigenes Leben aus eigenem Antrieb nicht nur zu bewältigen, sondern auch zu genießen, oder ist sie emotional auf die Stütze des eigenen Kindes angewiesen, um ihren Selbstwert zu erhalten? Sieht eine Mutter ihr Kind als Freundin und unterbindet damit das auf die eigene Individualität nach eigenen Bedürfnissen ausgerichtete emotionale Wachstum des Kindes, oder kann eine Mutter eigene Bedürfnisse von jenen des Kindes gut trennen und dabei auch die gefühlte „Andersartigkeit" im Zugang zum Leben zulassen und emotional durch Bestätigung und Rückhalt unterstützen? Werden Konflikte, die es in jeder Familie geben darf und wird, konstruktiv gelebt und als Chance der Weiterentwicklung gesehen, werden sie hocheskaliert, oder werden sie einfach unter den Teppich gekehrt mit dem – ausgesprochenen oder noch schlimmer auch unausgesprochenen – Verbot, über sie auch nur noch ein Wort zu verlieren? Welche Strategien wurden von den einzelnen Familienmitgliedern im Umgang mit all diesen ungeschriebenen Familiengesetzen, die oft schon auf eine generationenübergreifende Tradition zurückblicken, entwickelt? Wie groß sind die Teile der Persönlichkeit der einzelnen Mitglieder, die dabei weggesperrt werden mussten, die der Strategie, die überlebensnotwendig schien, zum Opfer gefallen sind, ohne dass dies auf den ersten Blick erkennbar wäre? Wie sieht es mit Verzeihung aus? Wird die Größe gelebt, auch mal anzuerkennen, die Bedürfnisse des anderen zu wenig berücksichtigt zu haben, und die Bereitschaft signalisiert, dies sofort nachzuholen zu beginnen und zu bereinigen und ein Wort der Entschuldigung dazu zu verlieren, oder arten Hinweise auf in der eigenen Wahrnehmung übergangene Bedürfnisse sofort in ein Niederbügeln der angemessenen Emotion samt Rechtfertigungs- und Vorwurfsorgien aus, die nichts anderes signalisieren als eine Abwertung dem anderen, aber auch sich selbst und der Beziehung gegenüber?

Gedankenkino

Antons Mutter Caecilie hatte eine schreckliche Kindheit; als Nachkriegskind war sie mit unausgesprochenen Kriegserfahrungen ihrer Eltern im Alltag konfrontiert, die sich beispielsweise durch Ohnmachtsgefühle ihrer Mutter in Stresssituationen äußerten. Dazu kam, dass es an grundlegendsten Sachen wie dem Geld für ausreichend Kohle zum Einheizen oder tägliche warme Mahlzeiten fehlte. Das Klima zwischen den Eltern war angespannt und von sachlicher Herzlichkeit geprägt: Beide waren sichtlich bemüht, ihrem Kind ein herzliches Zuhause zu bieten, doch waren beide sichtlich noch zu sehr in ihren Kriegstraumata gefangen, um echten Emotionen den dafür nötigen Raum geben zu können. So kam es auch, aus dem daraus entstandenen Frust heraus, regelmäßig zu Handgreiflichkeiten unter den Familienmitgliedern. Antons Mutter landete schließlich in einem Heim, in dem zwar ihre körperlichen Bedürfnisse ausreichend befriedigt werden konnten,

> identitätsstiftende Wärme jedoch konnte trotz der sichtlichen Bemühungen der Heimbetreuerinnen nur unzureichend geboten werden.
>
> Als Anton zur Welt kam, war Caecilie fest entschlossen, Anton eine bessere Kindheit zu bieten. Sie holte alles aus sich raus. Sie war fest davon überzeugt, alles perfekt zu machen, obwohl sie immer wieder das ungewisse Gefühl beschlich, eigentlich gar nicht zu wissen, wie man es perfekt machen kann. Kein Wunder: Worauf hätte sie auch zurückgreifen sollen in den oftmals anforderungsvollen Situationen, mit der die Begleitung eines heranwachsenden Kindes aufwartet? Sie wusste nur, soweit sie es überhaupt realisieren konnte und noch nicht verdrängt hat, was ihr gefehlt hatte in ihrer Kindheit. Wie man diese Bedürfnisse erkennt und befriedigt – ja, das hatte sie nie erfahren. Aus dieser ohnmächtigen Spannung heraus passierte es dann immer häufiger, dass sie für sie nicht einordenbare Bedürfnisse des Kindes verdrängte und nicht wahrnehmen wollte und entsprechendes Protestverhalten des Kindes als Undankbarkeit empfand: Du bist ja so undankbar, was ich alles für Dich gemacht habe, es ist ja nur zu Deinem Besten. Diese Situationen, wo Caecilie mit den Bedürfnissen und Emotionen ihres Kindes nicht umzugehen verstand, kehrten immer wieder – und in diesen Situationen gab sie das weiter, was sie selbst als so schlimm in ihrer Kindheit empfand und niemals ihrem Kind antun wollte: das Gefühl, mit seinen Bedürfnissen und Emotionen allein dazustehen, diese am besten gar nicht zu zeigen. Ein Klima der sachlichen Herzlichkeit entstand, ein Familienbild, das nach außen herzeigbar, aber innen leer war. Und die gemeinsamen Erfahrungen der Entbehrung von Caecilie und Anton schienen sich als eiserne Kette der Resignation gegenüber der Machbarkeit ehrlicher Bedürfnisbefriedigung um die beiden zu schließen.

Dieser Cocktail an gewachsenem Bindungsverhalten ist schon für sich genommen meist höchst explosiv. So richtig spannend wird es aber erst, wenn zwei aus verschiedenen Familien stammende Menschen einander finden und beschließen, einen Lebensabschnitt oder auch mehr miteinander verbringen zu wollen und vielleicht sogar eigene Kinder zu bekommen. Es sind zumeist zwei verschiedene emotional geprägte Familienkulturkreise, die hier aufeinandertreffen.

Fassen zwei Menschen derlei Entschlüsse, so steht die Geburtsstunde der Schwiegermutter unmittelbar bevor. Je nach den Vorerfahrungen der Jungverliebten und den jeweils dazu entwickelten Strategien im Umgang mit diesen Vorerfahrungen wird früher oder später das erste „Kennenlernen" mit der Schwiegermutter stattfinden.

Der Neue in der Familie sprengt, ohne dies eigentlich zu beabsichtigen und ohne dass dies für einen unbedarften Betrachter auf den ersten Blick von außen erkennbar wäre, die Zweierbeziehung des Partners zu seiner Mutter. Er tritt in diese Zweierbeziehung, die, wie bereits dargestellt, eine nicht nur auf sozialer und kultureller, sondern auf neurobiologischer Ebene erklärbare ist, als dritte Person ein und zwingt dabei die Symbiose dieser zwei eng verbundenen Menschen auseinander: Aus der zu einer Einheit verschmolzenen Persönlichkeit, die Werte, Vorstellungen und Herangehensweisen auch bei scheinbarem Zwist nach außen teilt und gemeinsam vertritt, löst sich das die Partnerschaft zum Neuen eingehende Kind heraus. Damit sind Mutter und Kind plötzlich gezwungen, die eigene Identität einzunehmen und Unterschiede zu erkennen. Plötzlich wird somit eine – in den schlimmsten Fällen unbewusste – Reflexion über die Mutter-Kind-Beziehung von beiden Seiten aus einsetzen, was nicht nur zu einer Neudefinition der Identität, sondern auch der Beziehung führen wird. Dies wird in all jenen Fällen umso deutlicher, in denen der Partner noch keine Loslösung in das eigene Ich vollzogen hat, sondern in der Relation zur eigenen Mutter noch die Rolle des Kindes einnimmt. Auffällig ist in diesen Fällen eine Besonderheit in der Kommunikation:

Gerhard Schwarz teilt die Ebenen der Kommunikation grob ein in jene des Eltern-Ichs, des Erwachsenen-Ichs und des Kinder-Ichs; wenn das Kind noch in einer Kommunikationsebene des Kinder-Ichs gegenüber dem Eltern-Ich der Mutter und umgekehrt steckt und noch nicht die Ebene zwei einander gegenüberstehender gleichwertiger Erwachsenen-Ichs im Umgang mit der Mutter gefunden hat, dann ist dies ein deutliches Signal für den beschriebenen Prozess, der über früh oder spät eingeleitet wird, sofern der hinzukommende Dritte, der Partner, nicht unwidersprochen seinerseits ebenfalls die Kommunikationsebene des Kinder-Ichs gegenüber der unangetasteten Kommunikationsebene des Eltern-Ichs der Schwiegermutter einnimmt – was allerdings wiederum unweigerlich hinderlich wäre für das Wachstum in einer gesunden und als Nährboden für symbiotische, aber auch individuelle Entwicklung dienenden Partnerschaft. Das Dilemma in dieser weitverbreiteten Konstellation ist somit, dass entweder der gepflogene Kommunikationsstil zwischen Mutter und Kind bewahrt wird, was auf eine noch ausstehende Identitätsfindung der beiden als Einzelpersonen mit ganz individuellen Persönlichkeitsmerkmalen und -anlagen schließen lässt, oder hier ein gleichberechtigtes Miteinander geschaffen und auch in der Kommunikation nach außen vollzogen wird.

In letzterem Fall, der auch für ein gleichberechtigtes Miteinander in der Partnerschaft zum hinzugekommenen Dritten, dem Partner, wichtige Basis ist, liegt allerdings großes Konfliktpotenzial zwischen dem hinzugekommenen Partner und der Schwiegermutter, zumal die Rolle der Schwiegermutter rasch erfüllt sein wird von Rivalitätsdenken: Schließlich wird dann im hinzukommenden Neuen, dem Partner des eigenen Kindes, rasch ein Ersatz der eigenen Rolle gesehen, selbst wenn in der gelebten Partnerschaft des Paares eine Emanzipation des Kindes vollzogen wurde in Form der Einnahme der Position des Erwachsenen-Ichs.

Bei der nunmehr einsetzenden Abwehrstrategie der Mutter kann es in weiterer Folge Komplikationen auch für die Partnerschaft selbst geben: Unter Umständen wendet sich nämlich auch das Kind aus Gründen der reaktivierten Solidarität mit der eigenen Mutter heraus gegen den Neuen, der als Gefahr gegen die aus Gründen der Logik zur Wahrheit erhobenen Wahrnehmung der Umwelt gesehen wird. Es droht immerhin ein Weltbild, das zum Schutz vor Leid und Schmerz als notwendig gesehen und aufgebaut wurde, aufzubrechen, wenn das Vertrauen darin, dass damit die Sicht auf eine größere, mit neuen auch Freude bringenden Wahrheiten, die auch identitätsstiftend sein können, einfach fehlt. Dies begründet auch, weshalb es keinen Einzelfall darstellt, wenn vielerorts bereits die erste Begegnung von Schwiegerkind und Schwiegermutter mit Erinnerungen an Aussagen wie *„Wenn er dich früher kennengelernt hätte, dann wäre mein Kind heute Straßenmusikant"* verbunden wird oder die zunächst herzliche Aufnahme des Neuen seitens der Schwiegermutter von dieser bald schon relativiert wird zu einem *„Ja, wir kennen ihn halt noch viel zu wenig"* und schließlich in einem erbitterten Schlachtzug gegen das Schwiegerkind mündet, bei dem keine Gelegenheit ausgelassen wird, jeden Atemzug des Schwiegerkindes als Grundübel zu sehen und als Grund für jedwedes eigenes Leid zu identifizieren.

Gedankenkino

Bevor der Neue – Sebastian – kam, verstanden sich Mutter Erika und Tochter Beate blendend. Es wäre der Tochter niemals eingefallen, auch nur einen Schritt zu unternehmen, der nicht lang und ausführlich zuvor mit der Mutter abgesprochen worden wäre. Auch war es selbstverständlich, mehrmals täglich miteinander zu telefonieren. Sicher, hin und wieder hing auch schon mal der Haussegen schief zwischen den beiden, aber da wurde dennoch stets, ohne auch nur ein Wort der Aussprache zu benötigen, zurückgefunden zum Alltag – und der hieß: Wir sind unzertrennlich, wir sind eins.

Als Beate dann Sebastian kennenlernte, schien zunächst alles noch beim Alten. Zunächst, weil es unausgesprochenes und unbewusstes, aber umso erklärteres Ziel war, ihn da schon irgendwie hineinzubekommen in diese Symbiose, in diese Uniformität gezeigter und verborgener beziehungsweise verleugneter Gefühle. Später, als sich mehr und mehr herauskristallisierte, dass Sebastian nicht bloß eine kurze Zeiterscheinung im Leben von Beate war und gleichzeitig immer deutlicher wurde, dass Sebastian mit dieser in Beates Familie gewachsenen und gepflegten Kultur nicht vereinbar war, kam es zu ernst zu nehmenden Schwierigkeiten – und zwar in allen Beziehungsebenen.

Bindungen – welche Rolle spielt das Hirn

Das menschliche Hirn ist ein hochkomplexes Organ, in welchem über ein enorm mächtiges und komplexes Netz an neuronalen Verflechtungen innere und äußere Reize verarbeitet werden. Es ist dabei in mehreren Hierarchien, die zum Teil voneinander unabhängig und zu einem weiteren Teil mit größtenteils einseitig ablaufenden Kommunikationsprozessen verbunden sind, in Arealen aufgebaut. Dabei sind klare Instanzen zu erkennen, welche auf den überlebens- und arterhaltenden Grundfunktionen in Form von instinkthaften Impulsen aus den in den Tiefen des Großhirns und im Hirnstamm angesiedelten Bereichen mit nur geringen Rückverbindungen zur Hirnrinde aufbauen. In einer weiteren Instanz des Hirnaufbaus wird im Kurzzeitgedächtnis und im Langzeitgedächtnis sowie im Aktualspeicher für episodische Inhalte der unmittelbaren Vergangenheit das persönliche Erleben von Wahrnehmungen und Emotionen abgespeichert, welches darüber hinaus auch in einer davon unabhängigen Instanz in den Sprachfeldern des Schläfenlappens und Teilen des Stirnlappens zusätzlich in Abstraktionsform, etwa Sprache, konserviert wird.

Was gesehen, gehört, gefühlt, gerochen, geschmeckt und betreffend die Position des eigenen Körpers im Raum über den Gleichgewichtssinn wahrgenommen wird, wird zunächst in den den einzelnen Sinnesorganen zugeordneten Bereichen der Rindenfelder des Großhirns aufgezeichnet und schließlich im Hippocampus zusammengeführt. Nun erfolgt in der weiteren Verarbeitung der Reize im Mandelkern eine Zuordnung zu den aus den Grundfunktionen der ersten Instanz des menschlichen Hirns stammenden instinktiven Funktionen sowie zu den im Langzeitgedächtnis bereits vorhandenen persönlichen emotionalen Erfahrungen. Es erfolgt dabei auch eine Zuordnung der über das in der Nasenscheidewand angesiedelte Jacobson-Organ aufgenommenen pheromonellen Information, welche direkt über das limbische System Eingang findet, sowie der aus den Rindenfeldern des Großhirns stammenden Information über die sozial bedeutsamen Reaktionen wie Mimik und Gestik. Anschließend erfolgt die Programmierung des Langzeitgedächtnisses mit entsprechender Verstärkung bereits erfahrener emotionaler Bindung des Wahrgenommenen. Je öfter dabei eine Emotion mit einer Sinneswahrnehmung im Einklang steht, desto präsenter werden sowohl der Inhalt als auch die Emotion in der Erinnerung des Menschen sein. Der Mandelkern hat neben seiner Funktion der Zusammenführung der Sinneswahrnehmung zu Instinkten und erlebten Emotionen auch direkten Zugriff auf die Stammganglien, welche den emotionalen Aktualzustand in Reaktion auf die soeben eingelangten Sinneswahrnehmungen in Form von Mimik und Gestik quasi als Erstreaktion nach außen tragen. Parallel dazu wird über den Hypothalamus eine entsprechende hormonelle Information des Körpers im Wege des Blutkreislaufes gesteuert, um den Körper auf weitere Reaktionen gegebenenfalls vorzubereiten.

Aus dem Aufbau und der Funktionsweise des Hirns lässt sich bereits aus dieser oberflächlichen Betrachtung rasch erkennen, dass verschiedenste Verarbeitungsmöglichkeiten zu Wahrnehmungen parallel bestehen und auch erfolgen: Es werden im Zuge der Verarbeitung von inneren und äußeren Reizen der Instinkt und emotional kodierte Erinnerungen gleichermaßen angesprochen, und zusätzlich erfolgt auch ein Abgleich mit sprachlich abstrakt erinnerlichen Situationen samt entwickelten Verhaltensmustern. Dabei können sich die Ergebnisse, wenn beispielsweise die pheromonelle Information und das sprachlich abstrakt entwickelte Muster nicht übereinstimmen, widersprechen, was das Hirn vor die Aufgabe eines entsprechenden Auflösungserfordernisses stellt. Es entstehen dabei intrapersonelle Konflikte, die hier aber nicht weiter Gegenstand der Erörterung sein sollen.

Der Aufbau des Hirns und seine Funktionsweise, welche bei Weitem noch nicht vollständig von der Wissenschaft erfasst und Begründungen zugeführt werden konnte, lässt aber auch erkennen, dass die sprachliche Erfassung von Wahrnehmungen und Emotionen nur einen marginalen Teilbereich der Fähigkeiten darstellt. Reaktionen wie jene der Gestik, der Mimik, der körperlichen An- und Entspannung in Reaktion auf einen Umwelteinfluss oder eine bloße Erinnerung erfolgen sogar zunächst gänzlich am sprachlich abstrakten neuronalen System vorbei, wobei Begründungen dieser Kompetenz erst im Nachhinein in einer weiteren Schleife der neuronalen Verarbeitung der Impulse nachgereicht werden. Erst in einer zweiten Ordnung werden beispielsweise Begründungen kreiert, welche durch Sinneswahrnehmungen und dementsprechende Erinnerungen und Assoziationen belegbaren Gründe dazu geführt haben müssen, dass man sich zu einer bislang unbekannten Person hingezogen fühlt, nachdem das Jacobson-Organ den Hypothalamus im Wege des limbischen Systems am Sprachhirn vorbei dazu veranlasst hat, die berühmten Schmetterlinge im Bauch zu fühlen.

In einem Umkehrschluss muss daher auch davon ausgegangen werden, dass es nicht nur die denotative Form der Kommunikation in Form von digitaler Sprache gibt, die Menschen interagieren lässt mit entsprechenden Auswirkungen und Prägungen unserer Persönlichkeit. Ein Blick in die Tierwelt untermauert diese Annahme. Der Delfin etwa verfügt über ein von Aufbau und Gewicht in Relation zu Körpergewicht dem Menschen nahezu identes Gehirn. Allerdings kann, egal in welchen Frequenzbereich die von ihm abgegebenen akustischen Signale moduliert und dem zeitlich damit zusammenhängenden sichtbaren Verhalten zugeordnet werden, kein Sprachmuster im Sinn der menschlichen Sprache erkannt werden. Dennoch ist durch entsprechende Forschungen und Beobachtungen als erwiesen anzusehen, dass Delfine detailgenaue Informationen untereinander austauschen. Es ist also davon auszugehen, dass Kommunikation in Form von Bindungen auf nonverbaler Ebene erfolgt.

Das Stattfinden eines nonverbalen Austausches auf einer Ebene von zwischenmenschlichen Bindungen auch über weite Strecken, zum Teil sogar über Generationen hinweg, erklärt, weshalb immer wieder Begebenheiten in unserem Leben auftreten, welche sich absolut nicht begreifen lassen und dennoch einem Wahrheitsbeweis standhalten: Da gibt es die Momente, in welchen man weiß, dass man jemanden anrufen muss, weil es ihm gerade nicht gut geht – und tatsächlich stellt sich nach dem umgehend getätigten Anruf heraus, dass die betreffende Person gerade die Nachricht von einem schweren Schicksalsschlag erhalten hat; da gibt es den unerklärlichen inneren Zwang, eine andere als die täglich gewählte Route ins Büro zu wählen – und im Nachhinein stellt sich heraus, dass auf dem üblichen Weg ein schwerer Autounfall stattgefunden hat; da hat ein Adoptivkind das unbändige Verlangen, nach Australien auszuwandern – und wenige Jahre später erfährt es, dass die leibliche Mutter in eben der zur neuen Heimat gemachten Ortschaft lebt.

Es gibt also nicht nur wissenschaftliche Indizien dafür, dass Bindungen auch auf nicht materialisierbarer und damit nicht messbarer Ebene stattfinden und auf diesem Weg auch Informationen fließen, und zwar nicht nur bei Delfinen, sondern auch bei Menschen. Es gibt darüber hinaus auch verifizierte und von vielen Menschen bewusst gemachte Tatsachenberichte, welche nicht daran vorbeikommen lassen, dass Prägungen auf dem Weg von nonverbalen Bindungsstrukturen nicht nur möglich, sondern Tatsache sind. Vor diesem Hintergrund wird auch klar, weshalb emotionale Erfahrungswerte und entsprechende Verhaltensmuster oftmals über Generationen weitergereicht werden, weshalb etwa der oftmals gehörte Ausspruch *„Ich werde niemals wie meine Mutter"* in den seltensten Fällen von Erfolg gekrönt ist und nur zu selbst herbeigeführtem Frust führt. Dazu ist nämlich, was den Menschen zumeist nicht bewusst ist, eine intensive Auseinandersetzung mit den emotionalen Erfahrungen der Mutter samt der Verarbeitung der gar nicht selbst durch eine eigene Sinneswahrnehmung ausgelöst aufgenommenen Emotionen oder aber eine ganz gezielte Änderung des eigenen Bewusstseins und damit eine Umprogrammierung des eigenen Hirns erforderlich.

In den neun Monaten, welche der Embryo im Mutterleib heranwächst, besteht zur Mutter ein auf optimalen Rahmenbedingungen für Wachstum basierendes Verhältnis: Es ist dies die von Bedrohung freie Nähe und körperliche Verbundenheit bei nicht nur möglicher, sondern auch gewünschter Möglichkeit zu Wachstum und Entwicklung. Der Embryo steht dabei in absolutem Einklang mit der Mutter, über welche nicht nur die Nahrungsaufnahme erfolgt, sondern auch die emotionale Wahrnehmung und Verarbeitung der Umwelteinflüsse. Die Geburt stellt hier eine bedeutende Zäsur statt: Der Säugling ist nach wie vor für seine Entwicklung angewiesen auf die genannten Rahmenbedingungen, sieht sie allerdings nun nicht mehr als selbstverständlich gegeben: Er muss nun selbst atmen und ist in seinen Bedürfnissen nach Nähe, Wärme, Nahrung und Schutz vor den vielen unbekannten Reizen auf die nunmehr von ihm körperlich getrennte Mutter angewiesen, von ihr abhängig. Er sucht nach Möglichkeiten, diese für ihn bislang nicht infrage stehende Verbindung wieder aufzunehmen, und wer eine liebende Mutter und ihren Säugling schon mal beobachtet hat, wird erkennen, dass rasch eine Möglichkeit gefunden wird. Neben dem Vorgang des Stillens wird der Säugling schon nach kurzer Zeit intensiven Blickkontakt mit seiner Mutter pflegen, und zwar in einer selbst für Verliebte nicht mehr bewusst bekannten Dauer und Intensität. Dabei wird nicht nur ein Erregungszustand im Hirn ausgelöst, es werden dabei auch die Spiegelneuronen – welche noch bei Erwachsenen funktionieren und dafür sorgen, dass man unausgesprochene Gefühle eines Gegenübers wahrzunehmen vermag, noch bevor dieser sich deren überhaupt bewusst wird – aktiviert und die noch völlig unbeschriebenen neuronalen Verbindungen des Säuglings das erste Mal programmiert: und zwar mit den Gefühlen, Verarbeitungsmustern und Einstellungen der Mutter. Gleichsam einem Image des emotionalen Gedächtnisses der Mutter wird dabei die erste Basis dafür gelegt, wie der Säugling später einmal auf seine Umwelt zugehen wird. Es wird der Code für die zumindest das gesamte Leben fortwährende Bindung zur Mutter programmiert, es erfolgt aber auch in Form einer Kopie die Festlegung der neurobiologischen Muster zur Begegnung mit der Umwelt und den Mitmenschen.

Nun ist mit dieser für die Entwicklung des Säuglings so grundlegenden, wenn nicht sogar überlebensnotwendigen starken Bindung samt der Basisprogrammierung für die emotionale Begegnung mit der Umwelt allerdings auch verbunden, dass unverarbeitete Traumata der Mutter und deren emotionale Muster zur Verschleierung unbefriedigter Emotionen ebenfalls übertragen werden. Dies kann von verheerender Bedeutung für das Kind sein: Bereits in den ersten Lebensjahren kann damit der Entwicklungsprozess zur Ausbildung der Persönlichkeit gestört werden, es können bereits in diesen jungen Jahren im Extremfall sogar somatische Störungen im jungen Organismus auftreten: Häufige Atemwegserkrankungen, Probleme des Darmtraktes oder Hautkrankheiten sind nicht immer auf ein schwaches Immunsystem des Kindes oder die in den letzten Jahrzehnten gestiegenen Umweltbelastungen und damit einhergehenden Allergien und Unverträglichkeiten zurückzuführen; sie können Anzeichen für unaufgelöste Spannungen sein, welche dem Kind im Rahmen der neurobiologischen Bindung zur Mutter übertragen wurden und ihre Ursache in zum Teil sogar mehrere Generationen zurückliegenden längst verdrängten Traumata etwa aus Erlebnissen der Weltkriege oder anderen schweren Schicksalsschlägen haben. Darüber hinaus werden auch die übertragenen emotionalen Muster spätestens ab der Pubertät eine Herausforderung darstellen. Dies ist besonders bei Töchtern zu beobachten, was darauf zurückzuführen sein könnte, dass Söhnen bereits sehr früh in den Entwicklungsschritten der genitalen Phase über die Identifizierung mit dem Männlichen eine klare Abgrenzung zu den übertragenen weiblichen Mustern auch bei Aufrechterhaltung der Dualität in ihrer Persönlichkeitsstruktur gelingt. Ein gegenseitiges Loslassen von Mutter und Tochter wird im nicht aufgelösten Bindungskonflikt erschwert, wenn nicht sogar verhindert. Das ist wohl damit begründbar, dass die Tochter zu den übertragenen emotionalen Mustern, zu welchen das zugrunde liegende eigene Erleben und somit leichtere Erkennen fehlt, auf die Schilderungen und Mithilfe der Mutter oder auch Großmutter angewiesen ist und damit unbewusst spürt, in einer emotionalen Abhängigkeit zu stehen. Umgekehrt besteht eine Hoffnung der Mutter, über das Leben der Tochter eine Erlösung zu erfahren. Ein schwieriges Umfeld für die weitere Beziehung, zumal die Bindung zwischen den beiden Personen eine untrennbare ist, gleichzeitig aber Mutter und

Tochter gleichermaßen für das Führen eines glücklichen Lebens ein Umfeld und Beziehungen benötigen, welche auf einer ausgewogenen Balance zwischen Nähe und Distanz, aus Geborgenheit und der Freiheit zu Wachstum beruhen. Wird daher der generationsübergreifend wirkende Mangel nicht aufgearbeitet, so besteht nicht nur die große Gefahr der Weiterreichung auch an künftige Töchtergenerationen, sondern es wird auch mit Beziehungsstörungen zwischen Mutter und Tochter, aber auch zu anderen Menschen zu rechnen sein.

Die neuronale Prägung in Form von Verknüpfungen zwischen den Sinneswahrnehmungen oder auch den gespeicherten Inhalten einerseits und den emotionalen Kodierungen andererseits ist natürlich ein fortwährender Prozess. Wenngleich in den ersten Lebensmonaten hier die größten Entwicklungen stattfinden und die Basis für das weitere Leben gelegt wird, so ist es doch möglich, auch die einmal gebildeten Verknüpfungen quasi zu überschreiben. Dass das Hirn hier ein Meister in der Flexibilität ist, zeigt etwa die Beobachtung, dass bereits ein eingegipster rechter Arm eines Rechtshänders in wenigen Wochen dazu führt, dass sich die zuständigen Hirnareale zugunsten anderer Bereiche zurückbilden. Diese Flexibilität kann daher auch genutzt werden für die Änderung von emotionalen Verarbeitungsmustern und Beziehungen. Sofern sich ein Mensch darauf einlässt, kann er durch eine bewusste Einstellungsänderung die emotionalen Kodierungen zu Erinnerungen und Sinneswahrnehmungen im Mandelkern mit beeinflussen, kann zulassen, andere Erfahrungen zu machen als solche Wahrnehmungen, die bedingt durch die emotionale Vorprogrammierung als selbsterfüllende Prophezeiungen herbeiorganisiert sind.

Mit einer entsprechenden Offenheit und Bereitschaft kann die vorbelastete Tochter somit beispielsweise neben der Möglichkeit einer gemeinsam mit der Mutter erfolgenden aktiven Aufarbeitung eine von den Erblasten befreiende Heilung in einer Beziehung zu einem Tier, einem Lehrer, zum Vater oder auch zu einem Partner erfahren. Auch in der Beziehung zur Mutter ist dies möglich, sofern die Mutter ihrerseits eine Umprogrammierung ihrer Muster vornimmt und dadurch eine andere Qualität der Beziehung zu bieten in der Lage ist. Zeit unseres Lebens sind wir nämlich in der Lage, unser Gehirn und unser Nervensystem in Bezug auf Bindung und Beziehung zu ändern – dazu müssen wir nur unser Bewusstsein ändern. Was passiert aber nun mit der Mutter-Tochter-Beziehung, wenn es der Tochter allein gelingt, zu einem Partner eine solche Heilbeziehung herzustellen und es der Partner dabei vermag, ihr quasi als Katalysator zur Steigerung des Selbstwertgefühls zur Verfügung zu stehen? Die Tochter wird dann dabei die eigenen Vermeidungsstrategien zum Bewusstsein des emotionalen Mangels etwa der Umarmung oder der Wertschätzung durch die Mutter fallen lassen und somit Zugang erhalten zu ihren im schwelenden Konflikt mit der Mutter begrabenen Emotionen. Die neu entwickelte Fähigkeit der Annahme der notwendigen Rückendeckung ermöglicht ihr, jene emotionalen Mängel, die sie von der Mutter übernommen hat, zu betrauern und damit in ein erfülltes eigenbestimmtes Leben zu treten, in dem sie die eigene Mitte spürt und somit die innere Ruhe findet mit Kraft zu einer lebensbejahenden Emotionalität. Das neue Selbstwertgefühl geht mit der Sicherheit einher, die optimalen Bedingungen für persönliches Wachstum auch in anderen Beziehungen als jener zur Mutter finden zu können. Unbeschadet der bestehenden Bindung zur Mutter wird darüber eine auf Gleichwertigkeit beruhende Beziehung zu ihr möglich.

Dieser Prozess stellt allerdings gleichzeitig eine große Herausforderung an die Beziehung zwischen Mutter und Partner der Tochter, Schwiegerkind und Schwiegermutter, dar. Erfolgt nämlich diese nachträgliche Emanzipation der Tochter ohne eine im Gleichklang erfolgende Öffnung der Mutter für neue, positive Konditionierungen der emotionalen Muster, so kann die Mutter sich rasch überrumpelt fühlen durch dieses emotionale Wachstum. Es besteht dann eine Tendenz zu Ohnmacht und Schuldsuche angesichts des wahrgenommenen Verlustes in der gemeinsamen Bedürftigkeit, welche Motor für Konflikte mit Tochter, aber auch Schwiegerkind sein wird. Die Unfähigkeit, einfach sein zu lassen und selbst die Gelegenheit zu Heilung und Wachstum wahrzunehmen, führt dann zu einer Verstärkung des im Unterbewusstsein getragenen Mangels einhergehend mit der Wahrnehmung, nun zusätzlich damit umgehen lernen zu müssen, dass aus der Tochter eine selbstständige Frau wurde, die nicht mehr einsetzbar ist für Zwecke der eigenen Bewältigung des Mangels. Das Schwiegerkind wird dann rasch zum wahr gewordenen Albtraum, während es wahrscheinlich sogar ohne bewusstes Zutun lediglich Sprungbrett der Tochter ist, die eigene Mitte zu finden und die Ketten der Verstrickung in weitergereichte Mängelerfahrungen zu sprengen.

Wenn er meine Tochter lieben würde, dann würde er sich uns anpassen

Kommunikation spielt eine ganz bedeutende Rolle in unser aller Leben. Durch Kommunikation treten wir mit unserer Außenwelt in Beziehung, teilen unsere Bedürfnisse mit und haben teil an der Bedürfnisbefriedigung unserer Umwelt. Egal wie sprachlich versiert oder humanistisch gebildet ein Mensch auch sein mag – jeder Mensch entwickelt ganz individuelle Formen, sich mitzuteilen.

Natürlich spielt daher auch in der Beziehung zwischen Schwiegermutter und Schwiegerkind Kommunikation eine ganz zentrale Rolle: Schaffen es die beiden, auf einer gemeinsamen Ebene zueinander in Verbindung zu treten und sich auszutauschen, dann kann das die Basis eines gedeihlichen Miteinanders sein. Bedeutend sind dabei nicht nur die Worte, die zu Papier gebracht werden können. Ganz wesentlich sind die vom bloßen Wortgebrauch zu unterscheidenden anderen Ebenen der Metakommunikation: Intonation, Mimik, Gestik, Geschwindigkeit sind hier die von der Kommunikationswissenschaft ausführlichst erläuterten und behandelten weiteren Bereiche, zu denen ganze Lexika geschrieben wurden und daher auch weitverbreitet Beachtung finden.

Auf der reinen Sprachebene, welche einen verschwindend geringen Anteil hat an dem, was atmosphärisch beim Gegenüber ankommt, können bereits – bewusst oder unbewusst – aus dem Nichts heraus Situationen geschaffen werden, die geeignet sind, konfliktinitiierend oder innerhalb eines bereits gelebten Konfliktes auch eskalierend zu wirken. Eine Vermengung von Aussagen über Dinge und Aussagen über Beziehungen ist beispielsweise, wie bereits Bertrand Russell erkannt und beschrieben hat, höchst problematisch und ein klassisches Beispiel für diese Wirkung. „Wenn du mich wirklich liebtest, würdest du gern Knoblauch essen" ist dazu eines der wohl bekanntesten Beispiele der Veranschaulichung: Eine Aussage über Knoblauch selbst, den man mögen kann oder auch nicht und zu dessen geruchlichen Auswirkungen es ja in einem eigenen Industriezweig, nämlich jenem der Hygieneartikel, ausreichend Lösungsansätze gibt, muss doch möglich sein, ohne damit automatisch zu einer davon vollkommen losgelöst betrachtbaren Beziehungsfrage eine Aussage zu treffen – ganz besonders, wenn die Beziehungsfrage als solche eigentlich jede Klarheit vermissen lässt. Denn was bitte ist unter Liebe zu verstehen? Ein Begriff, zu welchem man zwar oberflächlich rasch ein paar Ansätze wie etwa der Rubrik im täglichen Zeitungshoroskop finden wird, zu welchem aber in der Tiefe wohl jeder Mensch eine andere Verbindung haben wird, weil jeder Mensch den Zustand der Liebe als etwas höchst persönliches und individuelles verspüren mag, ohne auch nur annähernd die Chance zu haben, dies in die unmissverständlich treffenden Worte zu gießen. Ignace Feuerlicht hat dazu etwa in „Thomas Mann und die Grenzen des Ich" zutreffend ausgeführt, dass die Welt der Emotionen unendlich erscheint, während die Sprache rasch an Grenzen stößt und daher einzelne Begriffe mehrfach mit unterschiedlichen Bedeutungen belegen muss.

Eine perfekte Steigerung ist es dann, zwei Aussagen über Beziehungen miteinander zu verknüpfen. Richtet die Schwiegermutter etwa an das Schwiegerkind den sprachlichen Appell: „Wenn er meine Tochter lieben würde, dann würde er sich uns anpassen", dann handelt es sich dabei um eine unlösbare und aussichtslose Sackgasse, in welche das Schwiegerkind hineingetrieben wird für den Fall, dass diese Worte angenommen werden. Aus eigener Kraft jemals wieder aus diesem Dilemma herauszufinden, ohne dabei Schaden an der persönlichen Integrität nehmen zu müssen, scheint unmöglich: Denn hier wird die hochdiffizile Beziehungsfrage zur Liebe noch zusätzlich verbunden mit einem Anpassungsappell. Hier ist nicht nur problematisch, dass in den seltensten Fällen auch nur einer einzigen an der Kommunikation beteiligten Person – also nicht mal der Schwiegermutter selbst – in ausreichend konkretisierter Form bekannt ist, woran da jetzt genau eine Anpassung erfolgen soll. Zusätzlich ist hier eine Aufforderung zu einem unerzwingbaren Prozess, der ja eigentlich für ein gedeihliches Miteinander gar nicht zwingend erforderlich ist, gefordert. Es handelt sich um die wortlose, dafür aber umso lautere Anklage für das Anderssein – das bei Milliarden von Individuen auf dieser unserer Welt einer Anklage dafür gleichkommt, eine Nase mitten im Gesicht zu tragen – und um ein Paradoxon, das unweigerlich zu allseitigen intrapersönlichen und auch zwischenmenschlichen Konflikten führen muss, nimmt man es auch nur ansatzweise ernst und lässt sich darauf ein.

Auch andere Fallstricke hält die Sprache bereit, wobei die deutsche Sprache im Gegensatz etwa zur französischen

Sprache besondere Tücken hat. Will man einen Konflikt nämlich nicht bewusst eskalieren, so empfiehlt es sich, Objekt und Subjekt stets zu trennen, gedanklich wie auch sprachlich. Wenn einem die Aussage eines anderen missfällt, man sie sprichwörtlich in den falschen Hals zu bekommen droht, so wäre es für ein friedliches Auseinandersetzen mit der Situation wenig zweckdienlich, würde man gedanklich und sprachlich dieses persönliche Unbehagen mit der Aussage zum Anlass nehmen, dieses Missfallen mit der Person des Gegenübers zu verknüpfen. Wer sich beispielsweise ärgert darüber, dass jemand zu einem vereinbarten Termin verspätet erscheint, tut gut daran, dies sowohl von seinen Gedanken als auch von der verbalen Bewertung her nicht zu qualifizieren mit einem „Du bist unpünktlich". Die Verbindung von Person und Handlung zu einem der Person zugeschriebenen Attribut bewirkt einen wahrgenommenen Angriff mit wenig Raum für eine beiderseitige Darstellung, auch wenn dies vielleicht gar nicht intendiert ist oder bewusst wahrgenommen werden kann. Besonders heimtückisch ist dabei allerdings, dass die deutsche Sprache dazu neigt, einen sehr verwaschenen Umgang in dieser so bedeutenden Trennung zwischen Subjekt und Objekt zu pflegen: Während man im Deutschen etwa gerne die Ampel als solche als rot sieht („die Ampel ist rot"), würde dem Franzosen solcherlei Abstempeln der Ampel niemals einfallen – er erkennt, dass die Ampel bloß „rot macht". Ebenso beim Wetter: Während der Franzose erkennt, dass es gerade „kalt macht", ist es für den Deutschsprachigen schlicht und ergreifend kalt. Ein kleiner, aber feiner Unterschied, welcher das Unterbewusstsein rasch ansprechen kann, rasch ein Notfallprogramm in Form des Konfliktmusters, etwa der Resignation, welche Freizeitpläne wegen des „schlechten Wetters" sofort verwerfen lässt, aktiviert und damit zahlreiche andere Chancen im Umgang mit der Situation übersehen lässt. Erkenne ich, um beim Beispiel des Wetters zu bleiben, dass das Wetter einfach Wetter bleibt ohne jedes Adjektiv unabhängig von der örtlichen Erscheinung am Ort, an welchem ich mich aufhalte, so gestatte ich mir auch, andere Seiten des Wetters, die ja unverändert genauso bestehen, zu suchen und zu finden: Ich kann mir den Wetterbericht zum Beispiel auch für die nähere Umgebung oder die Prognose für die nächsten Stunden ansehen und damit meinen Spielraum im Umgang mit der Situation vorurteilsfrei erweitern.

Zu diesen Tücken der verbalen Kommunikation kommt noch hinzu, dass jede Botschaft auf verschiedenen Ebenen transportiert wird. Wenn die Schwiegermutter dem Schwiegerkind beispielsweise mitteilt, dass eine Elternschaft viel Verantwortung bedeutet, so kann die Botschaft, welche sie damit transportieren will, verschiedene Bedeutungen haben:

Rein sachlich gesehen, also mit Blick auf den Sachinhalt der Aussage, wird der Inhalt der Mitteilung daraus bestehen können, dass hier bloß völlig wertungsfrei mitgeteilt wird, dass Elternschaft eben Verantwortungsbereitschaft abverlangt: für das Wohlergehen des Kindes, für seine Entwicklungsmöglichkeiten, seine Erziehung, seine Ausbildung und vieles mehr. Ein Kind bedarf materieller und emotionaler Zuwendung, und dafür sind primär Eltern verantwortlich.

Eben derselben Aussage kann aber auch ein Appell zugrunde gelegt sein: die Aufforderung, sich zunächst einmal die Frage der Bereitschaft zur entsprechenden Verantwortung zu stellen, bevor über eigene Kinder überhaupt nachgedacht wird.

Darüber hinaus ist denkbar, dass in dieser Aussage die gewählten Worte nur Verpackungsmaterial darstellen für die Offenbarung auf der Beziehungsebene, dass dem Schwiegerkind jegliche Wertschätzung abgesprochen wird, dass die Schwiegermutter nichts vom Schwiegerkind hält und daher für ihr eigenes Kind wünscht, dass die Beziehung möglichst kinderlos bleibt. Es wird die verbale Botschaft als Vehikel für die Mitteilung über die Qualität der Beziehung der beiden zueinander benützt.

Ebenso denkbar ist, dass hinter der aus Worten zusammengesetzten Botschaft eine Selbstoffenbarung versteckt wird, dass die Schwiegermutter einfach ihre Erfahrungen aus der Elternschaft ansprechen möchte.

Bedenkt man, dass wir Menschen in der Kommunikation ununterbrochen dazu neigen, den ausgesprochenen Worten mindestens auf diesen vier Ebenen Bedeutung zu verleihen, und dass wir das im Laufe unseres Lebens obendrein so perfektioniert und automatisiert haben, dass wir selbst gar kein Bewusstsein mehr dafür entwickeln, auf welcher dieser Ebenen wir unterwegs sind mit einer Botschaft, so lässt sich die unserer Kommunikation innewohnende Gefahr ständiger Missverständnisse mit allen ihren Auswirkungen bereits erahnen. Ganz leicht kann verkannt werden, wie eine wahrgenommene Botschaft eigentlich gemeint ist, selbst wenn die metakommunikativen Begleiterscheinungen wie Mimik, Intonation und Gestik mit berücksichtigt werden. Wenn dann eine Botschaft anders als gemeint beim Empfänger ankommt und eine Reaktion statt einer Rückfrage hervorruft, die auf einer nicht gemeinten Bedeutung basiert, dann führt dies zumeist zu Unverständnis, zumal ja die angekommene Bedeutung gar nicht für möglich gehalten wird – schließlich liegt sie nicht in der eigenen Intention.

So wie auf zumindest vier Ebenen gleichsam vier Mündern eine Botschaft verfasst wird, genauso haben wir als Empfänger an uns gerichteter Worte zumindest vier Ohren, welche jeweils Sachinhalte, Selbstoffenbarungen, Appelle oder Aussagen zum Beziehungsaspekt herausfiltern beziehungsweise hineininterpretieren in das Gehörte. So wird plötzlich aus der rein auf der Sachebene intendierten und ausgesprochenen Information, dass die Zufahrt noch nicht vom Schnee geräumt ist, ein die gesamte Beziehung infrage stellender Vorwurf, aus der als Hilfeersuchen intendierten Aussage, man könne einen Handwerkertermin nicht selbst wahrnehmen, die Interpretation des auf Selbstoffenbarung ausgerichteten Ohres des Empfängers, man habe keinerlei Interesse daran, sich um Angelegenheiten des Haushalts zu kümmern. Man muss kein Mathematiker sein, um hier sofort zu erkennen, wie viele Möglichkeiten der Erzielung unbeabsichtigter Effekte man hat, weil man vielleicht den falschen Mund gewählt hat und obendrein auch noch ein ganz falsches Ohr erreicht hat. In hocheskalierten Konflikten nimmt die Treffsicherheit des Aufeinandertreffens von intendiertem Mund und Ohr dramatisch ab: Die Fähigkeit, verschiedene Ebenen herauszuhören, wird nahezu unmöglich, und es wird die harmloseste Äußerung bereits im Zweifelsfall als Angriff auf der Beziehungsebene verstanden.

Neben der Formulierung einer Botschaft kommt also auch dem Prozess des Zuhörens eine oftmals unterschätzte Bedeutung in der Kommunikation zu: Nach der meist optischen und akustischen Wahrnehmung – natürlich kann Wahrnehmung aber auch mit den anderen Sinnen erfolgen – erfolgt die Interpretation des Wahrgenommenen. Dabei wird vor dem Hintergrund der Situation, in welcher sich der Botschaftsempfänger wähnt, und der momentanen Gefühls- und Wissenslage die empfangene Botschaft so angenommen, wie sie in das eigene Bild der Wahrheit passt. Nun wird die Botschaft nahtlos einer Bewertung unterzogen, die meist in Form einer Auf- oder Abwertung unter unbewusster Zugrundelegung der moralischen Messlatte an sich selbst gestellter Anforderungen unterliegt. Begonnen bei der Wahrnehmung über die Interpretation bis hin zur Bewertung können natürlich Veränderungen der Botschaft, wie sie vom Absender derselben intendiert war, erfolgen, ohne dass das Gegenüber dies mitbekommt. Denn die Reaktion, die am Schluss dieses Prozesses steht, erfolgt scheinbar unmittelbar, worauf dies wieder denselben Prozess auf der anderen Seite auslöst mit der Unterstellung, die auslösende Botschaft wäre in der beabsichtigten Form angekommen.

Um dem Einhalt gebieten zu können, bedarf es zunächst einmal des Verständnisses dafür, dass ein Großteil dieses Prozesses zwischen Wahrnehmung einer Botschaft, wobei bereits bei dieser – von akustisch falsch verstanden begonnen – genug an Störungen passieren kann, und der darauf aufbauenden Reaktion zwar im Verborgenen abläuft, aber eine enorme Wirkung entfaltet. Es gilt daher, diese Abläufe offenzulegen, um so die Chance zu haben, Missverständnisse, also Diskrepanzen zwischen gewünschter Bedeutung und angekommener Botschaft, möglichst zeitnah aufzudecken. Aktives Zuhören und gewaltfreie Kommunikation, Instrumente, auf welche im letzten Abschnitt dieses Buches eingegangen wird, sind dabei die wohl bedeutendsten Möglichkeiten, derer man sich empathisch bedienen kann, um auf einem eigenverantwortlichen Weg des konsensualen Miteinanders zu bleiben.

Etwas weniger Beachtung findet bislang der energetische Anteil in der Kommunikation, der in seiner reinsten Form als Telepathie einigermaßen bekannt ist und dennoch kaum bewusst gemacht wird in seiner Bedeutung im zwischenmenschlichen Bereich. Verbindungen sind dabei in extremer Form auch ohne eine metakommunikative Begegnung möglich. Mit bloßen Gedanken erfolgt hier ein Austausch von Gefühlen und Gedanken. So kann es beispielsweise sein, dass die Wut und die Trauer, die aus einem Streitgespräch mitgenommen werden und noch Stunden danach die eigenen Gedanken lähmen und nicht mehr loszulassen scheinen, gar nicht die eigenen Emotionen sind, wenngleich sie dieselbe Wirkung in einem entfalten. Genauso ist es möglich, dass der Konfliktpartner einen noch nicht losgelassen hat mit dessen Emotionen, die er auf der aufgebauten Beziehungsebene überträgt. Es bedarf einer sehr guten Selbstkenntnis, um unterscheiden zu lernen, welche der gerade wahrgenommenen Gefühle und Gedanken zu einem selbst gehören und welche davon auf energetischer

Kommunikationsebene übertragen wurden. Beherrscht man dies nicht ebenso selbstverständlich, wie man eine verbale Kommunikation am Telefon etwa durch das Auflegen beendet, kann dies für alle Beteiligten ebenfalls zu Verstrickungen und Komplikationen führen.

Die Rolle des Partners im Schwiegermutterkonflikt – Chancen und Fallen

Durch die kulturelle Herkunft ist es der jeweilige Partner, der die Grundkompetenz hat, mit seiner Stammfamilie in der für diese anerkannt verständlichen Sprache zu sprechen. Er ist quasi Dolmetscher, welcher zwei Sprachen spricht: jene seiner Herkunftsfamilie wie auch jene, welche in der eingegangenen Partnerschaft in den ersten Ansätzen bereits entwickelt wurde.

Diese Fähigkeit bedeutet enorme Verantwortung, die zu Beginn zwar nicht wirklich spürbar ist, aber ungeahnten Einfluss auf die weitere Dynamik in den beiden Herkunftsfamilien und dem Paar selbst haben wird. Es ist die Verantwortung für den Prozess der eigenen Loslösung aus geschlossenen Systemen mit einer klaren Abgrenzung der eigenen Rollen in Herkunftsfamilie und Partnerschaft und der Einforderung eines respektvollen Umganges der Herkunftsfamilie mit der neu gewachsenen Partnerrolle. Gleichsam einer Mitose teilt das in der Herkunftsfamilie aufgewachsene Kind seine Rolle als Familienmitglied in zwei Familienrollen, wobei die ursprüngliche Rolle weiterhin wahrgenommen wird und in einem Wachstumsprozess die der Partnerschaft zugeschriebene neu ausgeformt werden muss. Es ist dabei Herausforderung, aber auch Aufgabe, diesen Prozess zu durchlaufen und gemeinsam mit der Herkunftsfamilie ein Klima zu schaffen, welches das erforderliche Wachstum nicht nur zulässt, sondern im besten Fall auch wertschätzend fördert. Dazu ist Offenheit, Klarheit und Empathie Grundlage für das in der Herkunftsfamilie zu schaffende Klima der Akzeptanz und des Respektes gegenüber der neuen Familienrolle erforderlich. Klare Kommunikation in der für die Herkunftsfamilie verständlichen Sprache ist hier eines der Werkzeuge und in weiterer Folge die Basis für den Aufbau eines beziehungsfördernden Klimas zwischen Schwiegermutter und Schwiegerkind.

Nicht nur in der Entwicklung der eigenen Familienrollen ist die Kenntnis der Sprachen beider Familiensysteme von Bedeutung. Auch später stellt sie die Chance dar, eine mediative Rolle einzunehmen in Konfliktsituationen zwischen dem Partner und der eigenen Herkunftsfamilie. Gleichzeitig birgt sie dabei aber auch enorme Gefahren: Schnell kann es passieren, dass sowohl Partner als auch Stammfamilie im Eskalationsstufenmodell Allianzen mit ihm anstreben, um die eigene Sichtweise zu bestätigen, um die eigene Position im Grabenkrieg zu stärken.

Zu Beginn entwickeln Schwiegermutter und Schwiegerkind noch beide gleichermaßen die Erwartungshaltung der entsprechenden Übersetzung: Die Schwiegermutter verlangt, dass dem Schwiegerkind übersetzt wird, wie denn die Regeln zu laufen haben bei einer Aufnahme in den Familienverband. Das Schwiegerkind geht davon aus, dass der Schwiegermutter ausgedeutscht wird, dass es einen respektvollen Umgang als eigenständige Person mit eigenen Werten und Vorstellungen erwartet und darüber hinaus Respekt gegenüber der Partnerschaft als eigenständiger junger Familienverband mit der Autonomie der selbstbestimmten Kulturentwicklung geübt wird. So harmlos sich das zunächst noch anhört, so bedeutsam kann ein Übersehen dieser Vorphase eines hocheskalierenden Konfliktes für den zunächst am Konfliktgeschehen unbeteiligten Partner werden. Rasch kann es zu einer Rollenaufteilung im Dramadreieck kommen, bei welcher auch der Partner beziehungsweise das Kind zwischen die Fronten gerät. Ist einmal jene Phase im Konfliktverlauf erreicht, an welcher das konsensuale oder zumindest kompromissorientierte Denken aufhört und selbst eigene Interessen zunehmend in den Hintergrund gedrängt werden mit dem zunehmenden Fokus auf ein Obsiegen über das Konfliktgegenüber, so wird im eigenen Kind beziehungsweise im eigenen Partner kein unbeteiligter Mensch mehr gesehen. Es wird vielmehr zunächst ein Verbündeter gesucht in Verkennung des Umstandes seiner Doppelzugehörigkeit zu den Systemen Herkunftsfamilie und Partnerschaft, anschließend eine Geisel für die Durchsetzung des eigenen Standpunktes und schließlich ein auf der anderen Seite stehender Gegner. Während also Schwiegermutter und Schwiegerkind blind ihre Konfliktmuster abspulen, droht das eigene Kind beziehungsweise der eigene Partner am meisten zu verlieren, ohne in den Konflikt mit eigenen Interessen und Bedürfnissen überhaupt eingestiegen zu sein: Rasch kann dieser eigentlich unbeteiligte Mensch zwischen die Stühle geraten, wenn er nicht aktiv darauf hinwirkt, sich die Wertschätzung beider Seiten durch Einnahme einer mediativen Rolle, also ganz bewusst ohne parteiische Einmengung, zu erhalten.

Das Besondere am Konfliktverlauf zwischen Schwiegermutter und Schwiegerkind liegt darüber hinaus zumeist darin, dass die beiden primär über die Beziehung nicht zur anderen Person, sondern zur jeweiligen Beziehung des Kindes beziehungsweise Partners zum Konfliktpartner in Verbindung stehen. Besonders häufig ist dies zu beobachten, wenn das Kind es nicht geschafft hat, selbst ein Gleichgewicht zwischen Partnerschaft und Herkunftsfamilie herzustellen und diese beiden Systeme als koexistent und potenziell wechselseitig bereichernd zu sehen. Damit entfällt für Schwiegermutter und Schwiegerkind die Chance, auf der Ebene der sachlichen und emotionalen Differenzen das Gegenüber direkt zu erleben und dabei Wachstum im wechselseitigen Einfühlungsvermögen und Verständnis zu erfahren, welches zum Aufbau einer konsensualen gemeinsamen Ebene erforderlich wäre. Solchermaßen unvorbereitet schlittern Schwiegerkind und Schwiegermutter also eigentlich bereits beim kleinsten Missverständnis, zu dem es keine korrigierenden Erfahrungen gibt, unvorbereitet nahezu direkt in einen Konflikt über den Konflikt sowie über die Konfliktlösung. Sie haben dabei, einmal hineingerutscht, ohne Fremdhilfe von außen kaum eine Chance, ihre Konsensfähigkeit wiederzuerlangen.

Ungefiltert durch von der Typologie mit beeinflusste Kompetenzen der Wahrnehmung und Empathie führen Systemunterschiede zu einer raschen Eskalation. Dies geschieht insbesondere dann, wenn Schwiegermutter und

Schwiegerkind unterschiedliche Systemverständnisse haben, also einer ein geschlossenes System priorisiert wegen der damit verbundenen Vorteile der Sicherheit, während der andere in seinem Leben offenen Systemen mit der Basis für Kreativität und Flexibilität im Umgang mit den unzähligen Möglichkeiten, die jedem Moment innewohnen, den Vorzug gibt.

Die bereits angesprochene Gefahr der zunehmenden Involvierung des unbedarften Partners in einen Konflikt zwischen Schwiegermutter und Schwiegerkind spätestens ab der Stufe 3 im kalten Konfliktverlauf beziehungsweise Stufe 4 im heißen Konflikt macht sich dabei nicht nur im Allianzstreben von beiden Seiten bis hin zur Stigmatisierung als Gegner bemerkbar, es besteht allgemein Projektionsgefahr in die eigene Beziehung hinein. Es beginnen die beiden Partner unbewusst jene eigenen Persönlichkeitsmerkmale aufeinander zu übertragen, welche sie selbst dafür verantwortlich machen, dass die Beziehung zur Mutter beziehungsweise Schwiegermutter nicht die benötigte Wertschätzung aufweist: Nach erfolgter unbewusster Projektion erkennt das Kind zum Beispiel plötzlich die eigene verdrängte Schwäche, welche es empfindet angesichts der dominanten Einmahnung der Einhaltung von Familiennormen auch bei entgegenstehenden persönlichen Interessen der freien Entfaltung und Öffnung nach außen, als für den Konflikt mit der Schwiegermutter verantwortliche Schwäche des Partners, welcher prompt neben den eigenen Gefühlen nunmehr auch dieses Ohnmachtsgefühl in sich trägt. Häufig ist auch eine allseitige Abwertungsspirale im zunehmenden Konfliktverlauf zwischen Schwiegermutter und Schwiegerkind zu beobachten, da beide Gefahr laufen, sich in einer Retterrolle gegenüber dem Partner beziehungsweise dem Kind wiederzufinden, während der andere als Täter gesehen wird: als der, der vermeintlich entfremdet, manipuliert und die eigene Beziehung zum mutmaßlichen Opfer sabotiert.

Sozialpsychologisch gesehen passiert hier Folgendes: Streiten Schwiegermutter und Schwiegerkind miteinander, so trifft das sehr rasch auf der Ebene des Exosystems den Partner des Schwiegerkindes, das Kind der Schwiegermutter, ohne dass dieses ab einer höheren Eskalationsstufe des Konfliktes die Chance hätte, auf den weiteren Verlauf Einfluss zu nehmen. Es steigt zunehmend die Gefahr für die Partnerschaft. Wie lange werden die Partner in diesem Dreieck bestehen können, ohne dabei die eigene Beziehung zu riskieren? Wie lange wird es dauern, dass sich das Schwiegerkind aus der für die eigene Integrität zunehmend riskanten mit der Partnerschaft verbunden gewählten mikrosozialen Umgebung loslöst oder auch das Kind der Schwiegermutter entscheidet, dass es mit einer oder auch keiner der beiden Konfliktparteien mehr in Verbindung stehen kann, um sich so zu schützen? Schwiegermutter und Schwiegerkind sind gut beraten, wenn sie sich ins Bewusstsein rufen, dass die beiden hier unmittelbar angesprochenen mikrosozialen Beziehungssysteme über das System der Mesoebene miteinander verstrickt sind und hier wechselseitig Auswirkungen niemals ausgeschlossen werden dürfen, da sie meist unaufhaltsame Begleitmusik darstellen, die, wenn erst in den sichtbaren Anteilen wahrgenommen, schwer reversible Verläufe nehmen.

Ist sich ein Paar des Wechselspieles im Mesosystem nicht bewusst und lässt den Dingen in einem hocheskalierenden oder bereits hocheskalierten Konflikt zwischen Schwiegermutter und Schwiegerkind seinen natürlichen, das heißt ohne Korrektureingriffe nehmenden Verlauf, so droht eine Situation in der interpersonellen Beziehung, die einem aus der Biologie bekannten oszillierenden Gefäß verblüffend gleicht: Der Konflikt übernimmt auch das Paar ohne eigene Eskalationsgeschichte in jenem Grad, welcher in der Beziehung zwischen Schwiegermutter und Schwiegerkind vorherrscht. Der Konflikt hat nun auch das unvorbereitete Paar übernommen.

3
Es geht auch anders

„Damit das Mögliche geschieht, muss das Unmögliche immer wieder versucht werden."

(Hermann Hesse)

Konflikt als Chance

Konflikte werden in der westlichen Welt meistens als eine Bedrohung wahrgenommen. Es wird dabei am Konflikt gesehen, dass dieser Emotionen freisetzt, welche als dem linearen Denken auf rationaler Ebene hinderlich empfunden werden, mehr oder weniger großen Felsbrocken auf dem eigenen Lebensweg gleich. Dies liegt unter anderem daran, dass in der westlichen Welt die Emotion als solche in der Gesellschaft tendenziell tabuisiert und als Makel des einzelnen Menschen in seiner Persönlichkeitsstruktur deklassiert wird. Schon in frühester Kindheit wird ein Zurschaustellen von Trauer, Furcht und Wut etwa als ungebührlich taxiert, statt die Akzeptanz auch im Hinblick auf die systemischen Wechselwirkungen zu üben und die konstruktiven Kräfte im in seinen Auswirkungen über den Einzelnen hinausreichenden Wachstumsprozess einzusetzen.

Dabei wird übersehen, dass Emotionen eine enorme Energie freisetzen, dass Konflikte als oftmaliger Auslöser derselben als der Motor für Entwicklungsschritte wirken können. Bei konstruktivem Umgang mit Konflikten schaffen diese beispielsweise Problembewusstsein und können durch den entstehenden Druck, Probleme aktiv anzugehen, den Willen zur Veränderung stärken. Die Fähigkeit zur Klarheit gegenüber eigenen Bedürfnissen und die Festlegung von Interessen nach einem eigenverantwortlichen Aufbau intrapersoneller Sicherheit steigt, womit die Grundlagen für die Wahrnehmung der individuellen Andersartigkeit der Mitmenschen in der grundlegenden Bereitschaft und Kompetenz des empathischen und wertschätzenden Umganges geschaffen werden. Konflikte geben damit jeder zwischenmenschlichen Beziehung die Chance zur Vertiefung, da sie Einblick in tiefere Schichten der Persönlichkeitsstruktur und die Bedürfnisse des Gegenübers bis hin zu dem jeweils im Leben erblickten Sinn geben. Während destruktiv und unkontrolliert eskalierende Konflikte den Zusammenhalt in Koalitionen fördern, festigt ein bewältigter Konflikt durch das gesteigerte Verständnis und das erworbene gemeinsame Selbstwertgefühl in einem Rahmen partieller Sicherheit den Zusammenhalt auch der Konfliktparteien. Wer in Konflikten eine Chance erkennen will, wird ferner nicht umhinkommen, seine Kenntnisse und Fähigkeiten in der Kommunikation, vielleicht sogar in den Wissenschaften der Psychologie, Evolutionsgeschichte und Neurobiologie zu vertiefen.

Es ist also nicht gottgegeben, dass ein einmal in die Eskalationsspirale geratener Konflikt zwischen Schwiegermutter und Schwiegerkind tatsächlich einem Hurrikan gleich ganze soziale Systeme zerstören muss. Es ist dabei auch kein dem Glück ausgelieferter Zufall, ob die Beziehung zwischen Schwiegermutter und Schwiegerkind gedeihlich ist und den Boden für ein Funktionieren der gesellschaftlichen Keimzelle Familie zu bieten vermag. Vielmehr liegt es an den Kompetenzen der einzelnen Akteure im Umgang mit Konflikten, in der Bereitschaft zum Wachstum.

Konflikte können also auch positiv gesehen und gelebt werden. Dann

- schaffen sie Problembewusstsein,
- stärken sie den Willen zur Veränderung,
- erzeugen sie Druck, Probleme aktiv anzugehen,
- vertiefen sie zwischenmenschliche Beziehungen,
- festigen sie den Zusammenhalt,
- geben sie Anstoß, Fähigkeiten und Kenntnisse zu vertiefen,
- fördern sie Kreativität,
- bieten sie die Gelegenheit, uns selbst und andere besser kennenzulernen,
- führen sie zu besseren Entscheidungen,
- fördern sie unsere Persönlichkeitsentwicklung,
- können sie sogar Spaß machen und
- machen schließlich das Leben sogar interessanter.

Um zu dieser Einstellung zu finden, ist es, wie eigentlich im Umgang mit nahezu jeder Situation im Leben, erforderlich, den Konflikt als solchen zunächst vollkommen wertfrei zu betrachten und anzuerkennen: Frei nach Erich Fried ist der Konflikt somit, was er ist. Er ist nicht per se gut oder schlecht, er ist nicht aus sich heraus bedrohlich oder chancenbringend: Er ist einfach ein dynamischer Prozess in all jenen Fällen, in welchen verschiedene Bedürfnisse zusammenstoßen und auf eine Befriedigung drängen. Wir haben es selbst in der Hand, diesem Prozess jene Bedeutung und Wertung beizumessen, die wir für hilfreich erachten. Da es allerdings nahezu kein Lebewesen auf der Welt gibt, welches tatsächlich nach eigenem Verderben trachtet, empfiehlt es sich, den Konflikt als Lebensbegleiter zu akzeptieren, welcher Chancen des Wachstums aufzeigt und gleichzeitig jene Ressourcen freisetzt, derer es dabei bedarf. Es gilt nur noch, sie konstruktiv einzusetzen. Den ersten Schritt dazu kann jeder Einzelne selbst setzen.

Hilfstechniken auf dem Weg zum Miteinander

In diesem Buch wurden nun die bedeutendsten Grundlagen für das Verstehen des Minenfeldes, auf welchem Schwiegermutter und Schwiegerkind unterwegs sind, angerissen. Es wurden die häufigsten Muster, die in einem Konflikt auftreten, mit ihrer Bedeutung für den möglichen weiteren Verlauf der Diskussion ebenso betrachtet wie die Bedeutung kultureller Unterschiede für das Zusammenleben von Menschen, im Speziellen für die Beziehung zwischen Schwiegermutter und Schwiegerkind. Ein Schritt in die Erkenntnisse der Neurobiologie hinsichtlich der Rolle des menschlichen Hirns hat ebenso weitere Aspekte zutage gebracht wie die Betrachtung der Funktionsweise von Kommunikation.

Damit, nämlich mit ein paar Blicken hinter die mögliche Kulisse des Konfliktes, wurde bereits ein großer Schritt in die Richtung, dem Konflikt positive Seiten abzugewinnen und die Früchte des am Konflikt Gewachsenseins miteinander einfahren zu können, getan. Es mag schon sein, dass es seit der Steinzeit dem Naturell des Menschen entspricht, auf den Verlust eines sicheren Rahmens, den ein Konflikt sehr schnell darstellen kann, damit zu reagieren, einfach irgendetwas auszuprobieren, da doch alles besser sein mag, als in dieser von Angst geprägten Situation untätig zu verharren und sich somit auszuliefern. Dennoch scheint es wesentlich zielführender, sich die Zeit zu nehmen, die Situation zu analysieren und Gedanken, Emotionen, Wahrnehmung und Wollen einmal zu betrachten, anzunehmen und zu ordnen. Viel zu groß ist die Gefahr, dass die Spontanhandlung die Situation noch weiter anspannt und die darauffolgende Handlung dem Watzlawickschen Motto folgt: noch mehr desselben. Rasch kann es dann passieren, dass es einem geht, wie Mark Twain es so treffend beschrieben hat: „Kaum verloren wir das Ziel aus den Augen, verdoppelten wir unsere Anstrengungen."

Aufbauend auf den nun gewonnenen zusätzlichen Blickwinkeln in Bezug auf den schwelenden, drohenden oder bereits in voller Dynamik ausgebrochenen Konflikt zwischen Schwiegermutter und Schwiegerkind und der gewonnenen persönlichen Überzeugung, dass eine unkontrollierte Weiterführung der Konfliktsituation und des damit zunehmend verbundenen fortdauernden Fehlens einer Gesprächsbasis dem mikrosozialen Umfeld nicht die gewünschte Richtung verleiht, sondern zu einem Flächenbrand bis in die nächsten Generationen hinein führen kann, gibt es nun verschiedene Möglichkeiten, Instrumente zur systemeigenen Hilfestellung oder auch Fremdhilfe anzuwenden.

Eine Menge von automatischen Mechanismen wirkt intensivierend auf den Konflikt und nicht umgekehrt in eine positive Richtung. Nur durch Bewusstmachen und auch durch viel Mut kann der Mensch diesen Mechanismen und somit dem destruktiven Potenzial eines Konflikts begegnen und damit die möglichen positiven Früchte aus einer bewussten Konfliktverarbeitung ernten. Hilfstechniken dabei finden wir in den Möglichkeiten zur Steigerung der Selbstwahrnehmung, des Eigenverständnisses, der Selbstakzeptanz und der gelebten Eigenverantwortlichkeit genauso wie in den Kommunikationsregeln der gewaltfreien Kommunikation nach Rogers und Rosenberg. Die Auflockerung des linearen Denkens durch fernöstliche Denkweisen kann ebenso ihren Beitrag für die Schaffung eines für Wachstum geeigneten Klimas leisten wie die Einnahme einer mediativen Grundhaltung in der Begegnung mit sich selbst und der Umwelt.

Für bereits hocheskalierte Konflikte oder auch als Unterstützung bereits davor ist es ratsam, einen geeigneten Experten als Prozessbegleiter hinzuzuziehen. Es ist dies keine Schande und auch kein Zeichen von Schwäche, sondern vielmehr ein Zeichen von ausgeprägtem Verantwortungsbewusstsein: So wie es leichtsinnig wäre, einen sich zuspitzenden Krankheitsverlauf verdrängen zu wollen ohne die Konsultation einer Fachkraft, so ist es unverantwortlich, in hocheskalierten Konflikten oder allgemein in zwischenmenschlichen Situationen, in welchen einem sprichwörtlich die Luft wegbleibt, keine angemessene Hilfestellung in Anspruch zu nehmen.

Steigerung des Eigenverständnisses

Wer seinem sozialen Umfeld mit Offenheit und Respekt entgegentreten will, wird dies zunächst an sich selbst praktizieren müssen. Verantwortung ist nicht vorstellbar ohne Eigenverantwortlichkeit, Liebe nicht vorstellbar ohne Eigenliebe. Das klingt auf den ersten Blick banal, auf den zweiten mag es in vielen den Widerspruchsgeist wecken: Was soll denn das eine mit dem anderen zu tun haben? Nun, sehr viel: Einerseits geht es um Authentizität, also die nonverbale Kommunikation mit dem Umfeld in Übereinstimmung mit den gewählten Worten und gesetzten Taten. Kaum jemand wird nämlich den schwärmerischen Worten eines Vegetariers Glauben schenken können, der die Vorzüge eines Schweinsbratens anpreist. Zum anderen geht es darum, Projektionen der an sich selbst versteckten Persönlichkeitsanteile auf die Umgebung zu verhindern: Wer sich selbst beispielsweise Unpünktlichkeit nicht eingestehen kann, der wird diese an sich selbst bekämpfte Möglichkeit, einmal nicht zur vereinbarten Zeit an einen vereinbarten Ort kommen zu können, auch anderen nicht ohne Weiteres zugestehen können.

Um das Gegenüber verstehen zu können, bedarf es also Eigenverständnis: Nur wer das „ich" versteht, kann es auch ausdrücken und das „du" dabei verstehen und berücksichtigen mit der Möglichkeit zu einem „wir". Es gilt also, sich selbst wahrzunehmen, ein Gespür für eigene Bedürfnisse und Interessen zu entwickeln und damit innere Klarheit zu entwickeln. Wer echt im Selbstausdruck ist, wird auch über die Sicherheit verfügen, gefahrenlos Empathie zu üben, die als Klärungshilfe für einen selbst, aber auch für das Gegenüber und für konstruktives Wachstum des Miteinanders wertvolle Dienste erweist.

Ein Weg zur Annahme der eigenen Persönlichkeit und der Steigerung des Eigenverständnisses beginnt bei der Auseinandersetzung mit der eigenen Familiengeschichte und führt über die eigene Kindheit hin zur Auseinandersetzung mit dem inneren Kind und dem inneren Team.

Die eigene Familiengeschichte lässt sich anhand eines Familienstammbaumes recht schnell visualisieren. Man zeichnet hier zunächst sich und dann der Reihe nach seine Geschwister neben sich, die Eltern darüber mit den jeweiligen Onkeln und Tanten daneben und deren Kinder darunter, eine weitere Ebene darüber die jeweiligen Großeltern ebenfalls mit Großonkeln und Großtanten daneben und so weiter auf ein Blatt Papier. Daneben schreibt man sich eine Zeitachse, sodass man auf einen Blick einordnen kann, zu welcher Zeit welcher der Verwandten gelebt hat. Neben diese Zeitachse notiert man die aus dem Geschichtsunterricht in Erfahrung gebrachten Ereignisse, welche diese Zeit an jenem Ort, an dem die Verwandten gelebt haben, geprägt haben. Nun beginnt die Befüllung dieses Familienstammbaumes mit Geschichten und Erfahrungen. Hat man bereits ein Grundverständnis für die historischen Zusammenhänge und soziodynamischen Entwicklungen, etwa die Weltkriege, die Zwischenkriegszeit, die Zeit des Wiederaufbaus, die wilden 60er des vorigen Jahrhunderts und die anderen epochalen Ereignisse, so erhält man durch Erzählungen aus der eigenen Verwandtschaft nun die damit zusammenhängenden persönlichen Erfahrungen und Auswirkungen auf das Leben der eigenen Familie: Man hört vielleicht, dass der eigene Großvater gegen die Nationalsozialisten aufbegehrt hat und durch seine gewinnende Art es dennoch geschafft hat, zu überleben; man erfährt, dass die Urgroßmutter Opfer eines Rufmords war und einsam und zurückgezogen gestorben ist; man erfährt, wer in diesem Familienstammbaum mit wem in welcher Beziehung gestanden ist, wo es Spannungen, wo es aber auch besonders innige Verhältnisse gegeben hat; wem die Eigenschaften welchen anderen Familienmitglieds zugeschrieben werden. Je mehr man sich hier in die Tiefe der ganz persönlichen Familiengeschichte vorwagt, desto mehr wird man eigene Persönlichkeitsmerkmale in diesem Familienstammbaum wiederfinden: das stark ausgeprägte Gerechtigkeitsverlangen, welches für den Großvater überlebenswichtig war in seinem Kampf gegen die Nationalsozialisten und unbewusst als Grundbedürfnis weitergegeben wurde an die nachfolgenden Generationen; das unbändige Gefühl von Ohnmacht angesichts hocheskalierender Streitgespräche, welches erinnert an die unverarbeitet gebliebene Wortlosigkeit des Großonkels angesichts eines schweren Schicksalsschlags in Form des Suizides von dessen Ehefrau nach einem heftigen Streit. Stück für Stück legt man in offenen und von konstruktiver Neugier getragenen Gesprächen vor allem mit seiner Mutter und Großmutter, deren emotionale Vergangenheit man ja förmlich mit der Muttermilch über Generationen hindurch in sich aufgenommen hat und nun in sich herumträgt in mehr oder weniger verarbeiteter und selbst neu programmierter Form, die möglichen Hintergründe zu eigenen Persönlichkeitsmerkmalen offen. Man kann sie erkennen und dann von allen Seiten betrachten, akzeptieren und in jener Form für sich verarbeiten, dass die damit verbundene Lebensenergie konstruktiv jene Seiten freigibt, welche der Erreichung eigenen Lebensglücks dienen und dabei sogar in befreiender Wirkung zurückstrahlen auf die Ahnen. Es ist, als würde man beispielsweise den im Unterbewusstsein ständig tobenden Kampf gegen Ungerechtigkeit oder gegen die Unwiederbringlichkeit vergangener Momente, der gar nicht der eigene, sondern ein geerbter Stellvertreterkampf zu unaufgelösten Erlebnissen ist, aufgeben können und damit die Akzeptanz für den jeweiligen Widerpart, also hier eben Ungerechtigkeit und Vergangenheit, neu erschließen. Plötzlich wird das starke Sicherheitsbedürfnis und damit der Drang zu einem geschlossenen Familiensystem, das Bedrohung erfährt durch die Öffnung zur Partnerschaft des Kindes, schwächer und schafft Platz für die Möglichkeit der Wahrnehmung mit offenen Systemen verbundener Möglichkeiten. Plötzlich schaffen es Schwiegermutter und Schwiegerkind, sich gegenseitig auch als Bereicherungsmöglichkeit zu erkennen. Wer sein Bewusstsein gegenüber seinem Familienstammbaum schärft, verändert damit nicht nur seine neuronalen Verbindungen und schafft damit die Grundlage für neue Formen der Wahrnehmung und emotionalen Verknüpfung derselben, nein, er gibt dem gesamten Familiensystem einen energetischen Impuls der Befreiung.

Auch das sogenannte innere Kind des Menschen ist mit der emotionalen Erfahrung der Ahnen in gewissen Maßen verbunden; hinzu kommen dabei allerdings noch eigene

Erfahrungswerte, welche bereits spätestens ab dem Moment der Geburt gewonnen werden und die Entwicklung der eigenen Persönlichkeit maßgeblich mit beeinflussen. Die frühkindlichen emotionalen Wahrnehmungen sind dabei besonders prägend, wobei zu diesen der Zugang erschwert wird durch die erst später erfolgenden Verknüpfungen zu jener Hirnregion, welche eine Verarbeitung in Mustern der denotativen digitalen Sprache ermöglichen. Dadurch fällt es auch so schwer, diese emotionalen Anteile an der eigenen Persönlichkeit in Sprache zu benennen und in einer sprachlich rationalisierten Form zu erfassen und zu verarbeiten. Obendrein sind Verdrängungsmechanismen zu jenen frühkindlichen Erfahrungen, zu welchen man im Rahmen der Erziehung oder auch anderer sozialer Erfahrungen erlernt hat, dass sie nicht gezeigt werden dürfen und mit Sanktionen versehen werden, eine weitere Barriere im bewussten Zugang – unbeschadet des Einflusses auf unser Wahrnehmen, Fühlen, Wollen und Handeln insbesondere in Stresssituationen, in welchen der Hypothalamus korrigierende Rationalisierungen erst nachträglich verarbeiten und zur Steuerungsmaxime für das Handeln erheben kann. Wer daher sein inneres Kind nicht ernst nimmt, der wird sich immer wieder selbst im Weg stehen, wird von einer Situation in die nächste schlittern, in welcher er sich im Nachhinein darüber ärgert, so und nicht anders gehandelt zu haben, etwa geschwiegen zu haben, statt seinen eigenen Bedürfnissen Ausdruck zu verleihen, oder den anderen verletzt zu haben, statt zuzuhören und seine Gefühle anzunehmen, ohne sie zu den eigenen machen zu müssen. Ein Negieren des inneren Kindes als Bestandteil der eigenen Persönlichkeit wird auch immer wieder dazu führen, eigene

Gefühle und Vorstellungen auf den anderen zu projizieren und dann auf diese Projektion statt auf die Realität zu reagieren: Die Geschichte von Watzlawicks Hammer ist hier ein sehr plakatives Beispiel:

> **Gedankenkino**
>
> Ein Mann will ein Bild aufhängen. Den Nagel hat er, nicht aber den Hammer. Der Nachbar hat einen. Also beschließt unser Mann, hinüberzugehen und ihn auszuborgen. Doch da kommt ihm ein Zweifel: Was, wenn der Nachbar mir den Hammer nicht leihen will? Gestern schon grüßte er mich nur so flüchtig. Vielleicht war er in Eile. Vielleicht hat er die Eile nur vorgeschützt, und er hat was gegen mich. Und was? Ich habe ihm nichts getan; der bildet sich da etwas ein. Wenn jemand von mir ein Werkzeug borgen wollte, ich gäbe es ihm sofort. Und warum er nicht? Wie kann man einem Mitmenschen einen so einfachen Gefallen abschlagen? Leute wie dieser Kerl vergiften einem das Leben. Und dann bildet er sich noch ein, ich sei auf ihn angewiesen. Bloß weil er einen Hammer hat. Jetzt reicht's mir wirklich. - Und so stürmt er hinüber, läutet, der Nachbar öffnet, doch bevor er „Guten Tag" sagen kann, schreit ihn unser Mann an: „Behalten Sie Ihren Hammer."
> (Aus Watzlawick P (2013) Anleitung zum Unglücklichsein. Piper, München, S. 40)

Eine Beschäftigung mit dem inneren Kind bedeutet daher eine Schärfung der Wahrnehmung für die eigene emotionale Vorgeschichte und damit zum Teil auch gegenwärtig wirkende Muster: Was hat mich geprägt, welche Persönlichkeitsanteile habe ich gelernt, mehr nach außen zu zeigen, welche Persönlichkeitsanteile habe ich hingegen, ohne sie jedoch verschwinden lassen zu können, in den Hintergrund gedrängt und versucht, vor der Außenwelt zu verstecken?

Auch hier empfiehlt es sich, in vier Schritten vorzugehen: Zunächst kann man in offenen und von konstruktiver Neugier getragenen Gesprächen mit der Mutter und Geschwistern oder durch die Betrachtung von Familienfotos aus der eigenen Kindheit die Wahrnehmung zur eigenen Entwicklung schärfen. Man bekommt eine Außensicht zur eigenen Entwicklung und kann diese abgleichen mit den tief im eigenen Inneren gespeicherten Emotionen, die hervorgeholt werden können: Man wird die Geschichten rund um den Geburtsvorgang mit allfälligen Komplikationen hören und dazu erfragen, welche Empfindungen bei den Anwesenden damit verbunden waren. Man wird viele Geschichten über Entwicklungen und soziale Begegnungen, jeweils bereichert um die Fremdwahrnehmung dazu vorhandener Gefühle wie etwa Stolz, Angst, Wut, Scham, Freude hören. Es werden dazu zunächst dumpfe Erinnerungen hervorkommen, welche zunehmend schärfer werden, da das innere Kind sich wahrgenommen fühlt und damit zu kooperieren beginnt. Es werden dabei alle zum Dasein im unterdrückten Inneren verdammten Gefühle freigelegt für eine Aufarbeitung und damit Befreiung. Kann man das so Hervorgeholte einmal in einem zweiten Schritt akzeptieren, so gilt es im nächsten Schritt, den eigenen Gefühlen und damit dem inneren Kind mit Wertschätzung zu begegnen: Die Gefühle sind auf Bedürfnisse zurückzuführen, welche nach Befriedigung streben. Die Gefühle sind daher Regungen, die einem helfen, sich mit seinem inneren Kind genau dort zu beschäftigen, wo es am dringendsten erforderlich ist. Im vierten Schritt geht es um die Integration der befreiten Bedürfnisse und Gefühle in das nach außen gezeigte Persönlichkeitsbild, um die Wiedervervollständigung des

Selbstwertgefühls um die abgespaltenen und verdrängten Aspekte.

Diese Aufarbeitung der Bedürfnisse und daraus resultierend der Gefühle des inneren Kindes lässt sich auch anhand des Aufbaus und der Regie über ein inneres Team bestehend aus einem inneren Abbild der verschiedenen Rollen und Persönlichkeitsmerkmale, die uns ausmachen, erklären. Jeder trägt in sich verschiedene Persönlichkeitsanteile, wie etwa den besonnenen, den rationalen, den ungeduldigen, den verzagenden, den träumenden, den mutigen, den bestimmenden den zickigen, den gewinnenden Anteil des Selbst. Dazu kommen dann noch die Rollen – etwa jene der Mutter und zugleich auch jene der Tochter, der Schwiegermutter und zugleich auch jene des Schwiegerkindes, der Hausfrau, der Berufstätigen, der Kundin, der Bürgerin. Eine gute Gelegenheit, sich selbst besser wahrzunehmen, besteht nun darin, diese verschiedenen Rollenbilder und Persönlichkeitsanteile vor dem inneren Auge ganz bewusst auf die Bühne zu holen und zu betrachten, was diese nun auf der Bühne machen, wenn eine Situation vor dem inneren Auge aufgerufen wird. Die Bühne steht dabei für die Lebensenergie, die in uns fließt und die auf die Akteure, welchen die Bühne überlassen wird, aufgeteilt wird. In einem weiteren Schritt kann man, wenn man die Beobachtung abgeschlossen hat und akzeptieren kann, dass es eben verschiedene Kräfte in einem gibt, die allparteiliche Regie übernehmen und jedem Persönlichkeitsmerkmal seine Wertschätzung ausdrücken und hinterfragen, welchen Anteil man welchem Akteur auf dieser Bühne einräumen möchte. So wird kein Persönlichkeitsmerkmal mehr hinter die Kulisse zurückgedrängt und gezwungen, sich zu verleugnen oder trotzig immer wieder die Hauptrolle zu übernehmen, wenn die Regie mal kurz nicht aufmerksam ist. Zugleich kann man ein Zusammenspiel aller eigenen Persönlichkeitsmerkmale bewirken und die Kraft der gegenseitigen Befähigung nutzen. Auch scheinbar sich widersprechende Rollen können mit einer allparteilichen Anleitung zu kongenialen Partnern werden, die einander unterstützen. Gleichzeitig übernimmt man als innerer Regisseur Eigenverantwortung: Man macht sich bewusst, dass es nicht den oftmals durch äußere Umstände wachgerufenen Akteuren überlassen sein muss, wem welcher Anteil an der zur Verfügung stehenden Lebensenergie überlassen wird. Mit ausreichender Erfahrung und Stärke im Umgang mit sich selbst gelingt es, allen Rollen und allen Persönlichkeitsmerkmalen in Wertschätzung zu begegnen, ohne sich einem dieser Akteure auszuliefern: Die verkrampfte Flucht in die Arbeit, um private Trauer scheinbar vergessen zu machen und dabei zu übersehen, dass man damit auch die positiven Beiträge der Trauer aus seinem Leben verbannt, ist dann ebenso wenig notwendig wie die Verdrängung von noch aus der Kindheit unverarbeitet geprägten Persönlichkeitsmerkmalen bei gleichzeitigem Verzicht auf die ihnen innewohnende Kreativität und Lebensfreude. Wer allen Akteuren zu allen Lebenssituationen gleichsam ein Casting anbietet, wird alle seine inneren Akteure ständig ausbilden und wachsen lassen und ein stets für das eigene Drehbuch stimmiges Bühnenbild mit guter Performance erreichen. Mal ganz bewusst den Tiger in einem rauslassen – eine wohltuende Sache, wenn man seine Crew kennt und mit einbindet. Mit einem weiteren Vorteil im Umgang mit dem sozialen Umfeld: Man lernt, auch sein Gegenüber wertzuschätzen für den individuellen Umgang mit Situationen und für die Gewissheit, dass auch das Gegenüber aus weit mehr Persönlichkeitsmerkmalen besteht, als es in einer Situation von sich zeigt. Das Schwiegerkind, das einmal auf eine Bemerkung der Schwiegermutter die Augen verdreht hat, hat ebenso wie die Schwiegermutter, die wieder einmal nicht respektieren zu können scheint, dass das eigene Kind und das Schwiegerkind eigene Entscheidungen treffen, noch ganz andere Verhaltensweisen drauf, die es sich ganz sicher lohnt kennenzulernen.

> **Gedankenkino**
>
> Ein alter Cherokee-Indianer erzählte seinen Enkelkindern etwas über die Lebensprinzipien. Er sagte: „Meine lieben Kinder, jeder Mensch hat in seinem Innern zwei Wölfe, die gegeneinander kämpfen. Ein Wolf ist ärgerlich, neidisch, gierig, traurig und hochmütig. Der andere Wolf ist fröhlich, friedfertig, hoffnungsvoll, demütig, freundlich, barmherzig und wahrhaftig. Diese beiden Wölfe kämpfen in einem Menschen gegeneinander." Da fragte eines der Enkelkinder: „Opa, wer ist denn der Sieger?" Dieser antwortete: „Der Wolf, den du mit Essen ernährst!"

Wer sich solchermaßen an die Aufgabe herangemacht hat, das eigene Selbst zu erforschen und dabei auch jene Bereiche, welche dem Bewusstsein scheinbar nicht zugänglich sind wegen der mangelnden direkten Verknüpfung zum Sprachzentrum des Hirns, wird als Ernte eine Schärfung der Wahrnehmungsfähigkeit einfahren: der Wahrnehmungsfähigkeit hinsichtlich der eigenen Gefühle, Interessen, Bedürfnisse, ja sogar hinsichtlich des Sinnes, den wir unserem Leben selbst geben. Durch diese Wahrnehmungsfähigkeit erfolgt eine Öffnung nicht nur hinsichtlich der eigenen Möglichkeiten, es erfolgt auch eine klarere Wahrnehmung der Gefühle einschließlich eines möglichen Erfassens der darunterliegenden Interessen und Bedürfnisse des sozialen Umfeldes. Über die eigene Mitte ist nun der Selbstauftritt von Selbstachtung getragen, in der Kommunikation kann nun klarer zum Ausdruck gebracht werden, wo eigene Bedürfnisse liegen. Erst über diese Fähigkeit kann das soziale Umfeld eingebunden werden in das Wachstum der eigenen Persönlichkeit; denn mit dieser Fähigkeit ist man es selbst, der sich dafür den erforderlichen sicheren Rahmen geben kann. „A good complaint will take away the pain" – ein weiser Spruch, der es auf den Punkt bringt: Wer ausreichend Selbstwertgefühl hat, Schmerz anzunehmen und auch direkt anzusprechen, wird das mit einem ausreichenden Spielraum für das soziale Umfeld ansprechen können, ohne dieses dabei zu einer weiteren Verstärkung des Schmerzes durch heraufbeschworene Rechtfertigungs- und Verurteilungszwänge zu dirigieren. Und wer sich selbst diesen offenen und von Eigenwertschätzung getragenen Umgang zuzugestehen vermag, der hat damit auch die Kompetenz erworben, eben dasselbe Selbstwertgefühl in seinem sozialen Umfeld hervorzurufen. Wie bereits eingangs des Kapitels angesprochen: Liebe ist unvorstellbar ohne Eigenliebe, dementsprechend ist Wertschätzung unvorstellbar ohne Eigenwertschätzung. Ein Sehen des anderen kann nur praktizieren, wer sich selbst sehen kann.

Wer seine innere Mitte gefunden hat, wird daher auch keinerlei Schwierigkeiten mehr damit haben, einen der Zentralschlüssel für die Beilegung von Konflikten in Form der Rückkehr zu einem konsensualen Miteinander einzusetzen: die Verzeihung. Tiefe und aufrichtige Verzeihung setzt nämlich die Bereitschaft voraus, zu hören, zu sehen, den anderen wahrzunehmen mit seinen Bedürfnissen und nicht bloß seinen Worten, zu verstehen und zu respektieren. Wer über die Fähigkeit der Akzeptanz seiner eigenen Persönlichkeit mit all ihren Aspekten zu einer Integration auch versteckt wirkender Emotionen und Bedürfnisse gefunden hat, der kann dies auch dem sozialen Umfeld zugestehen und entstandene Verletzungen verzeihen. Durch aufrichtige Verzeihung kann dem sozialen Umfeld ein sicherer Rahmen geschaffen werden, indem dem Gegenüber zugestanden wird, auch Schattenseiten zu haben und nicht weiter verbergen zu müssen. Es muss das Gegenüber seine Energie nicht mehr darauf verschwenden, vermeintliche Schattenseiten zu verstecken und zu leugnen, sondern es kann sie in einem wachstumsfreundlichen Klima dafür einsetzen, über den Weg der Integration ebenfalls zur inneren Mitte zu finden. Damit wird das Gegenüber im wahrsten Sinne des Wortes umgedreht: Aus einer Abgewandtheit, einer Verstrickung und einem Hadern der Schwiegermutter oder des Schwiegerkindes mit eigenen unaufgelösten Konflikten innermenschlicher, generationsübergreifender und zwischenmenschlicher Natur sowie den unberücksichtigten Bedürfnissen und weggesperrten Emotionen wird schließlich die Fähigkeit, eine Zugewandtheit zu leben. Wo früher ein vermeintliches Rollen mit den Augen im falschen Moment als Auslöser für ein Zutagekommen der verdrängten Persönlichkeitsmerkmale in Form von Affekthandlungen und Projektionen mit einhergehender Wahrnehmungseinengung war, dort wird durch Verzeihung Platz geschaffen für mediative Kommunikation.

Gewaltfreie Kommunikation

Einer der zentralen Schlüssel im Zusammenleben ist die Kommunikation. Kommunikation ist allerdings weit mehr als der verbale Austausch von Gedanken und Emotionen. Kommunikation ist nicht bloß eine Aneinanderkettung von zu Worten einer Sprache gebildeten Lauten. Kommunikation besteht aus weit mehr, was etwa an dem tieferen Sinn der Feststellung Paul Watzlawicks sehr deutlich wird, dass es unmöglich ist für uns, nicht zu kommunizieren. Auch Grunzlaute, Gestik, Mimik, ja selbst das Schweigen – kurz: Unser gesamtes Verhalten sendet Nachrichten, betreibt somit Kommunikation mit unserer Umwelt. Wir bedienen uns dieser anderen Elemente von Kommunikation manchmal sehr bewusst, etwa wenn wir in einem fremden Land ohne ausreichende Kenntnisse der Sprache jemandem verdeutlichen wollen, was wir benötigen: Dabei kommunizieren wir im wahrsten Sinne des Wortes mit Händen und Füßen und versuchen, die ebenfalls im günstigsten Fall nonverbal zum Ausdruck gebrachte Antwort bestmöglich zu deuten.

Zumeist aber bedienen wir uns der nonverbalen Ausdrucksweise in einer ganz unbewussten Art – und wundern uns dann unter Umständen, weshalb unsere in unseren Augen sehr unmissverständliche und klar gesprochene Aussage einen vollkommen konträren Effekt beim Gegenüber auslöst oder weshalb in uns selbst Emotionen aufsteigen, die zu dem soeben Gehörten so gar nicht dazuzugehören scheinen. Das ist darauf zurückzuführen, dass es eben auch die Metaebene der Kommunikation gibt, in welcher neben der Bedeutung von Worten, auf die man sich in einer gemeinsamen Sprache geeinigt hat, die Sprachmelodie und zahlreiche andere Aspekte wie die nur beispielsweise genannten eine Rolle spielen.

Zwei praktische Beispiele helfen, die Komplexität und Bedeutung von nonverbalen Zeichen im Ansatz beziehungsweise dem Grunde nach einzuschätzen:

In einer Studie wurden verschiedenen Menschen Fotos ein und derselben Person gezeigt, und es wurde dabei darum ersucht, jeweils einzuschätzen, auf welchem der Fotos die Person offen und vertrauenswürdig wirkt. Zwei der Fotos waren ident – nahezu ident: Es wurde lediglich die Pupillengröße mittels eines Fotobearbeitungsprogrammes verändert. Und tatsächlich erhielten diese beiden Fotos, obgleich auf den ersten Blick vollkommen ident und auch bei näherer Betrachtung kaum auszumachen im Unterschied, vollkommen unterschiedliche Bewertungen. Eine Kommunikationsform, die übrigens von orientalischen Händlern beim Handeln sehr gerne eingesetzt wird, um beim Interessenten sofort zu erkennen, an welcher Ware tatsächliches Interesse besteht.

Etwas banaler, weil offensichtlicher und leichter erkennbar: Zwei Menschen sitzen einander in ein Gespräch versunken gegenüber. In dessen Verlauf wird eine Frage mit dem Wort „Ja!" beantwortet, gleichzeitig schüttelt aber diese Person den Kopf.

Dass über die denotative digitale Sprache samt ihren direkten beschriebenen Begleiterscheinungen der Metakommunikation hinausgehend auch die auf inneren Zusammenhängen in Systemen und neurobiologisch begründbaren Bindungen im Wege der Spiegelneuronen beruhenden Formen von Kommunikation von enormer Bedeutung sind, darf ebenso nicht übersehen werden. Die Kraft der bloßen Einbildung beeinflusst Herzschlag und Hirnströme, allein durch den Willen kann man sogar den Heilungsverlauf von Krankheiten positiv unterstützen. Und mit dem Biofeedback können Patienten lernen, Schmerzen einfach wegzudenken. Ebenso kann der bloße Gedanke in Verbindung mit einem Menschen bereits maßgeblichen Einfluss auf die Beziehung nehmen: so wie der berühmte Flügelschlag eines Schmetterlings tausende Kilometer entfernt einen Hurrikan auslösen kann bei systemischer Betrachtung, genauso kann der bloße Gedanke an eine erfreuliche Begebenheit im Umgang mit der Schwiegermutter bereits für einen entspannten Ausdruck in deren Gesicht sorgen und die Basis für Wachstumschancen in der Beziehung legen.

> „Achte auf deine Gedanken, denn sie werden deine Worte.
> Achte auf deine Worte, denn sie werden deine Taten.
> Achte auf deine Taten, denn sie werden zu Gewohnheiten.
> Achte auf deine Gewohnheiten, denn sie werden dein Charakter.
> Achte auf deinen Charakter, denn er wird zu deinem Schicksal."
> (chinesisches Sprichwort)

Zurückkommend auf die Möglichkeiten der Kommunikation im herkömmlichen Sinne ist festzustellen, dass mit Büchern, die sich mit den Phänomenen möglicher Kommunikationsstörungen auseinandersetzen, man mittlerweile ganze Bibliotheken füllen kann. Umgekehrt bietet die Wissenschaft aber auch unzählige leicht erlernbare Techniken, bei deren Einsatz durch Kommunikation Wahrnehmungen geöffnet und Bedürfnisse angesprochen werden können. So wie es möglich ist, die Sprache gleich einem Schwert einzusetzen und damit alles zu zerschlagen, was sich in den Weg stellt, genauso ist es möglich, Kommunikation zur Entschleunigung und Beilegung von Konflikten als ein Hilfsinstrument einzusetzen.

Gewaltfreie Kommunikation bedeutet dabei nicht, dass man nie mehr laut werden darf, immer nett zu allen sein muss und jeder ohnehin machen kann, was er will. Es heißt auch nicht, dass man vor dem Beginn eines Gespräches immer die Seidenhandschuhe anziehen muss und Harmonie ständig über alles gestellt wird. Genauso wenig gebietet gewaltfreie Kommunikation, eigene Ziele aus den Augen zu verlieren, wie sie auch umgekehrt nicht das Wundermittel darstellt, immer die Durchsetzung der eigenen Interessen zu erreichen.

Gewaltfreie Kommunikation stellt vielmehr eine Basis dafür dar, den eigenen Bedürfnissen und Interessen in einer zugleich das Gegenüber wertschätzenden Art und Weise Ausdruck zu verleihen. Es werden Oberflächlichkeiten und unbedachte Verletzungen sowie unbeabsichtigte Angriffe in Aussagen durch bewusstere Wortwahl ohne Verzicht auf die eigene Selbstverwirklichung in der übermittelten Botschaft vermieden. Um dies zu ermöglichen, ist ein ausreichendes Maß an Eigenreflexion zur Kenntnis der eigenen Werte, Interessen und Bedürfnisse ebenso nötig wie die ehrliche Neugier für die Persönlichkeit des Gegenübers sowie die Bereitschaft zu wertungsfreier Beobachtung und Empathie.

Eine der Grundtechniken in der gewaltfreien Kommunikation ist dann darauf aufsetzend die Beachtung der vier Komponenten bei der Formulierung von Aussagen:

- Formulierung einer Ich-Botschaft mit wertungsfreier Beschreibung der konkreten äußeren Beobachtung,
- Benennung des Gefühles, welches dabei erlebt wird,
- Beschreibung des eigenen Bedürfnisses, das dadurch berührt wird und
- anschließende Formulierung einer Bitte an das Gegenüber.

Bei der Bildung von Urteilen, so diese erforderlich erscheinen, ist unbedingt zu bedenken, dass es bei einem Urteil für die eigene Befindlichkeit und umso mehr bei einer Kommunikation nach außen für die Wahrscheinlichkeit der Berücksichtigung der eigenen Anliegen von Bedeutung ist, wie und mit welchem Fokus sie getroffen und vorgebracht werden. Moralische Urteile beziehen sich zumeist auf ein Verhalten einer anderen Person und orientieren sich an bestimmten Vorstellungen, was in einer Kultur zu einer Zeit richtig oder falsch ist. Es gibt hier bestimmte Kategorien und Labels, es besteht hier die Tendenz zur Pauschalisierung und Vorverurteilung. Mit ihnen wird unter Umständen ein emotionales Dilemma zwischen den eigenen Werten und den über die Zugehörigkeit zu einem System entscheidenden Normen angesprochen und eine abwehrende Haltung provoziert, wenngleich unter Umständen auf Ebene der Werte, Bedürfnisse und Interessen Übereinstimmung bestehen könnte. Moralische Urteile können leicht als Angriff verstanden werden und führen damit in der Regel auch zu

Abwehrverhalten und Verstimmung. Moralische Urteile münden allerdings nicht nur im weiteren Gesprächsverlauf leicht zu Rechthaberei und Aggression, auch in der eigenen Befindlichkeit kann eine Einengung der Wahrnehmung durch einsetzendes Denken in gegensätzlichen Kategorien wie „gut" und „schlecht" einsetzen und ein Drang zu Bestrafung des verurteilten Verhaltens aufkommen. Werturteile hingegen orientieren sich an den persönlichen Bedürfnissen, Interessen und Werten und sagen etwas über einen selbst aus, etwas, das nicht zur Disposition eines Außenstehenden steht und damit auch nicht zur Abwehr einlädt, sondern vielmehr zu konstruktiver Offenheit im weiteren Gesprächsverlauf mit einer Wahrscheinlichkeit der Verfolgung zugrunde liegender Interessen auch durch den Angesprochenen. In der eigenen Wahrnehmung führt das Werturteil tendenziell zu einer besseren Verbindung mit seiner eigenen Mitte, zu Lebendigkeit nicht nur im Gespräch, sondern auch in der eigenen Emotion.

Kommunikationstechniken, die mit ganz leichten Mitteln die gewaltfreie Kommunikation, welche in der Wissenschaft auch gerne als Giraffensprache bezeichnet wird im Gegensatz zur weitverbreiteten Wolfssprache, unterstützen, sind leicht zu erlernen. Es geht dabei um nichts anderes als die freundliche und offene Verpackung dessen, das gemeint, gefühlt, gedacht, beabsichtigt ist. Es geht dabei also nicht um eine Veränderung der beabsichtigten Mitteilung, und es geht auch nicht um Manipulation. Gewaltfreie Kommunikation möchte vielmehr Raum schaffen für eine das Selbstwertgefühl des anderen wahrende Kommunikation eigener Bedürfnisse. Man teilt sie dem anderen mit, wie man, um es in Anlehnung an Max Frisch auszudrücken, einem anderen einen Mantel hinhält, sodass er hineinschlüpfen kann, statt sie ihm wie einen nassen Fetzen um den Kopf zu schlagen.

Geeignete Techniken sind dabei etwa das konsequente Formulieren in Ich-Botschaften. Damit kann das Gegenüber zuhören, ohne sofort den Zwang einer Rechtfertigung und Verteidigung zu verspüren. Dabei ist es außerdem von Vorteil, in der Kommunikation statt einer Versehung des anderen mit Attributen das eigene Bedürfnis in den Vordergrund der Mitteilung zu setzen. Statt beispielsweise davon zu sprechen, der andere sei lästig, könnte man formulieren, dass man derzeit viel Freiraum brauche.

Auch das sogenannte Spiegeln ist sehr simpel im Grundsatz, hat aber enorme Wirkung auf das Gesprächsklima. Durch das Wiederholen des Gehörten mit eigenen Worten wird dem Gegenüber die Sicherheit gegeben, richtig gesehen und verstanden zu werden. Wer kennt es nicht: In vielen Streitgesprächen wird es rasch laut, und für den Außenstehenden wird erkennbar, dass im Grunde immer wieder dieselben Argumente ausgetauscht werden. Daran ist erkennbar: Es wurde nicht gespiegelt, beide Seiten haben nicht die Gewissheit, gehört worden zu sein, und wiederholen daher immer und immer wieder mit zunehmender Emotion wie Wut oder Verzweiflung das ohnehin schon Gesagte. Wird Spiegeln – in der Wissenschaft oftmals auch mit Loopen oder Pacing in Verbindung gebracht – eingesetzt, so kann dies vermieden werden. Der ausgesprochene Gedanke, das ausgesprochene Gefühl, das ausgesprochene Bedürfnis ist angekommen, eine Beschäftigung damit ist daher möglich, ohne das weiter erkämpfen zu müssen. Loopen bietet darüber hinaus eine weitere wichtige Gelegenheit: jene der Korrektur und damit der Vermeidung von Missverständnissen. Wenn nämlich durch die Wiederholung des Gehörten auffällt, dass das Gesagte falsch angekommen ist, so kann dies korrigiert werden, bevor auf dem Missverständnis aufbauend ein Auseinanderdriften der jeweils wahrgenommenen Realitäten passiert.

Auch darüber hinaus gibt es viele Kommunikationstechniken, welche ein konstruktives Gespräch unterstützen, welche dabei helfen, herauszufinden aus aussichtslos scheinenden Störungen des Klimas: Positive Formulierungen – bekannt ist dazu das Beispiel, wonach man aufgefordert wird, nicht an rosa Elefanten zu denken, mit der Konsequenz, dass man dann natürlich an rosa Elefanten denkt und eigentlich gar keine andere Chance gelassen bekommt –, offene W-Fragen (Wer, wie, wann, was, wofür?) unter Aussparung der Rechtfertigung erzwingenden auf die Vergangenheit gerichteten Frage nach dem Warum (im Gegensatz dazu steht die Frage nach dem „Wozu?", denn diese ist auf eine Offenlegung der Interessen gerichtet und lenkt kreative Energien auf eine in der Zukunft liegende und daher noch frei disponible Begebenheit), Kontextfragen nach allfälligen Zusammenhängen mit gar nicht angesprochenen, aber für den Konflikt ursächlichen Themen, Paraphrasieren zur Ausrichtung der Gedanken an andere Möglichkeiten der Wahrnehmung oder Verbindung der rationalen Argumente mit Gefühlen und Bedürfnissen sowie konkretisierende Fragen, um ein Thema näher an das zugrunde liegende Bedürfnis, um dessen Erfüllung es geht, zu führen, sind hier die wahrscheinlich wertvollsten Werkzeuge.

Achtsamkeit und Erwartungsfreiheit

Wie auch ganz generell zur Erhaltung eines erfüllten Lebens empfehlenswert, erscheint es auch in Beziehungen, vor allem in einem zum Beispiel im Zuge einer Konflikteskalation als problematisch empfundenen Umfeld, angezeigt, immer wieder auch die eigene Rolle zu erfühlen und zu hinterfragen. Hat sich beispielsweise das eigene Blickfeld nach Vorbild Manis eingeengt in das Denken der zwangsweisen Gegensätze? Ist man selbst auf die Straße der Unterteilung in Gut und Böse, Richtig und Falsch, kurz: in eine Sichtweise, in der die Welt scheinbar nur noch in gegensätzlichen und einander ausschließenden Extremen wahrgenommen werden kann, abgebogen? Kann man noch achtsam und erwartungsfrei an Situationen und Herausforderungen herantreten, mit freiem Blick und der Offenheit für andere Wahrheiten als der subjektiv bereits kennengelernten?

Das westliche Denken in einer linearen Abhandlung punktueller Ereignisse gleich einem Pfeil vom Problem zur Lösung, von einem Ziel zum nächsten, unterstützt die Tendenz des Einzelnen, die Wahrnehmungsfähigkeit sehr rasch zu reduzieren und dabei die Gewissheit der unzähligen Aspekte jedes einzelnen Momentes, welche zu persönlichem Wachstum gereichen können, zu verlieren. In einem Feldversuch konnte ich nachweisen, dass durch Unachtsamkeit gegenüber gegebenen Möglichkeiten in Form selbst aufgebauter Erwartungshaltungen dabei selbst bei emotional zunächst unauffälligen Aufgaben rasch negative Emotionen herbeiorganisiert werden, welche zu einer weiteren Beschleunigung des zunehmend sich einengenden Tunnelblickes führen.

Gedankenkino

Mit 100 Personen beider Geschlechter unterschiedlichen Alters und unterschiedlicher Ausbildung wurde, selbstverständlich nach Sicherstellung der Bereitschaft dazu, nachstehendes Interview geführt:

A: Ich nenne Ihnen jetzt eine Zahl und ersuche Sie, mir mit einer Zahl zu antworten, welche kleiner als die von mir genannte ist. 17.
B: 16
A: Danke. 15, sagen Sie mir bitte eine Zahl.

89 der 100 Personen haben darauf mit einer Zahl geantwortet, welche kleiner als die genannte war und dies auch bei weiterer Wiederholung fortgesetzt bis schließlich die Zahl 1 erreicht war. Je kleiner die genannten Zahlen waren, desto unruhiger wurden die Personen; bei Erreichen der Zahl 1 nannte nun ein Teil eine positive Bruchzahl kleiner als 1 (27), ein Teil nannte eine negative Zahl (17), ein Teil fragte nun nach, ob es denn eine positive ganze Zahl sein müsse, mit welcher geantwortet werde (24), ein Teil verweigerte die weitere Antwort (21). Die Beobachtung der Personen hat gezeigt, dass nahezu alle ein oder mehrere Stresssymptome in Körperhaltung, Mimik und Gestik aufgewiesen haben und die Geschwindigkeit der Antworten abgenommen hat nach zwischenzeitlicher Beschleunigung. Eine sofort anschließende Befragung der Personen hat bestätigt, dass Beklemmung und zunehmende Unsicherheit aufgetreten ist. Selbst nach einer Auflösung, dass ab dem zweiten Ersuchen, eine Zahl zu nennen, keine Einschränkung mehr erfolgt ist, dass diese kleiner als die genannte sein müsse und die wahrgenommene zunehmende Einengung des persönlichen Spielraumes, verstärkt durch die zumeist zusätzlich selbst auferlegte Barriere der 0, somit eigenverantwortlich erfolgt ist, bedurfte es in vielen Fällen einiger Zeit, um die emotionale Betroffenheit mit einhergehender eingeschränkter Wahrnehmungskompetenz wieder zu lösen.

Anhand des nachstehend abgebildeten Eigenversuchs kann sehr gut überprüft werden, inwieweit bereits in einer entspannten und emotionsfreien Situation der eigenen Wahrnehmung von Möglichkeiten und damit in weiterer Folge dem eigenen Denken bereits Grenzen gesetzt wurden.

Probieren Sie es

Verbinden Sie sämtliche in Abb. 3.1 abgebildeten neun Punkte durch vier miteinander verbundene gerade Linien, ohne den Bleistift abzusetzen.

. . . **Abb. 3.1** Übung zur Überprüfung, ob man sich selbst
. . . Grenzen auferlegt, wo keine sind
. . .

Überprüfen Sie dabei, ob Sie bereits Ihren Gedanken Grenzen gesetzt haben, ohne es zu merken, oder ob Sie sich erlauben, auch abseits eines vermeintlichen Rahmens Lösungen zuzulassen. Rufen Sie sich dieses Beispiel in ausweglos erscheinenden Situationen in Erinnerung, und transformieren Sie dann diese Übung auf die Situation. Es kann Wunder wirken.

Grenzen, die man sich selbst – unterstützt durch die in verschiedenen Evolutionsstufen überlappend erfolgte Konstruktion unseres Hirns – gesetzt hat, zu durchbrechen, ist also eine Grundlage für die Kompetenz, Konflikten positive Seiten abzugewinnen und sie so in Wachstum zu transformieren. Dabei sind Wertungsfreiheit und Achtsamkeit wichtige Instrumente, mit denen umzugehen uns fernöst-

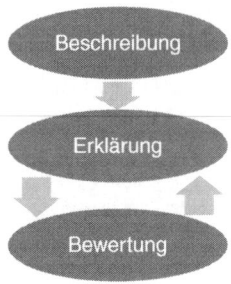

Abb. 3.2 Schaubild zum Prozess der Wahrnehmung: Das Wahrgenommene wird beschrieben und nahezu automatisch und zeitgleich einer subjektiven Erklärung samt Bewertung, welche die Erklärung rückbeeinflusst für zukünftige Wahrnehmungen, zugeschrieben

liche Traditionen, wie etwa jene des Zen-Buddhismus oder der Shaolin, lehren können.

Aufbauend auf unserer angelernten Denkweise spulen wir, ohne es zu merken, in unserer Wahrnehmung ständig einen auf die Beschreibung folgenden Kreislauf aus Erklärung und Bewertung ab. Nahezu unvermittelt belegen wir Wahrnehmungen mit einem Urteil der selbst vorgenommenen Bewertung des selbst herbeigeführten Resultats der Erklärung des Wahrgenommenen, drücken wir, bildlich gesprochen, Situationen und Menschen einen Stempel mit dem Ergebnis unserer inneren Prozesse auf (Abb. 3.2).

Wir übersehen dabei sehr schnell, dass wir damit nicht mehr die Realität sehen, sondern eigentlich ein Abbild unserer eigenen Fiktion von Realität, aufgebaut auf den von uns selbst vorgenommenen Bewertungen – auf welche wir in weiterer Folge reagieren. Wir werden Gefangene unserer eigenen Bewertungen, ungewollt reduzieren wir dabei die

Wahrnehmungsfähigkeiten in der Begegnung mit unserer Umwelt dramatisch. Wenngleich wir es selbst waren, die den Stempel aufgedrückt haben, übersehen wir, dass wir auch jederzeit die Fähigkeiten und auch die Verantwortung hätten, die Stempelfarbe wieder abzuwischen. Erst eine andere Erklärung, die uns angeboten wird, kann damit diese Dynamik der Selbstbeschränkung, zumeist obendrein begleitet von abnehmender Fähigkeit zur Selbstbestimmung und Eigenverantwortlichkeit, umkehren.

Gedankenkino

Bertram erscheint mit seiner Frau Helene und den drei Kindern mit einiger Verspätung zur Familienfeier, welche von Helenes Mutter ausgerichtet wurde und zu welcher alle ihre Verwandten eingeladen und auch erschienen waren. Während Helene mit den Kindern im Verlauf der Feier immer wieder die Tische wechselt und mit allen Anwesenden ins Gespräch findet, bleibt Bertram bis zu Verabschiedung abseits sitzen: Er trinkt, isst, liest eine Zeitung, schaut ab und an für mehrere Minuten regungslos mit gesenkten Schultern aus dem Fenster oder versenkt seinen Blick in sein Handy, auf welchem er immer wieder etwas tippt. Seine Schwiegermutter beklagt sich nach den Feierlichkeiten bei Helene über Bertrams Teilnahmslosigkeit am Familiengeschehen. Sein Verhalten sei klarer Ausdruck dessen, dass er nichts mit der Familie zu tun haben wolle. Es sei wieder einmal typisch gewesen für ihn, er sei offenbar einfach kein Familienmensch und werde sich eh nie ändern. Als Helene ihrer Mutter erklärte, dass Bertram unmittelbar vor der Feier erfahren habe, dass sein Bruder verunglückt ist und auf der Intensivstation im Spital liegt, verändert sich der gesamte Ausdruck bei Helenes Mutter: Die Gesichtsfarbe verändert sich ebenso wie die Intonation in ihrer Stimme, der Körperausdruck ist weicher. Sie fragt nun nach, wie es Bertrams Bruder mittlerweile gehe, keine Rede ist mehr von mangelndem Familiensinn.

Will man Achtsamkeit und Wertungsfreiheit in sein Leben holen, so gilt es, sich diesen Kreislauf zunächst einmal bewusst zu machen und dann immer wieder zu überprüfen, ob und in welcher Ausprägung er dem eigenen Verhalten zugrunde gelegt wird. Hat man dies einmal für sich festgestellt, so gilt es, in sich hineinzufühlen, wo denn die Übergänge zwischen den einzelnen Phasen liegen; dazu muss man – an anderer Stelle wurde Konfuzius mit dem entsprechenden Rat bereits zitiert – einfach mal den Schritt verlangsamen, um ein gutes Gespür für die Momente im inneren Ablauf zu bekommen und die entscheidenden Übergänge zwischen Beschreibung, Erklärung und Bewertung zu erkennen. Dort gilt es nämlich einzuhaken: Nachdem bereits eine andere Erklärung für das Wahrgenommene zu vollkommen anderen Bewertungen in unserem anerzogenen Denkmodell führt und anderes Verhalten begünstigt, trägt ausreichende Achtsamkeit also dazu bei, dass bereits in der Beschreibung ein längeres Verharren oder ein Zurückkehren zur Wahrnehmung aus anderen Blickwinkeln verschiedene Erklärungen sichtbar macht mit der einhergehenden Erkenntnis, dass es unendlich viele andere Erklärungen geben wird, die noch nicht erkannt werden, weil die Beschreibung noch nicht abgeschlossen ist. Achtsamkeit führt damit in weiterer Konsequenz zu Wertfreiheit, der anerzogene Druck der Bewertung von Begebenheiten und die damit einhergehende Aufgabe der Selbstbestimmung und Selbstverantwortlichkeit im Verhalten entfallen zunehmend und schaffen Raum für Wertschätzung (Abb. 3.3): Das Wahrgenommene kann beschrieben und die dafür gefundene subjektive Erklärung wertfrei gesehen werden. Dies ermöglicht, dass der Fokus damit weiter auf

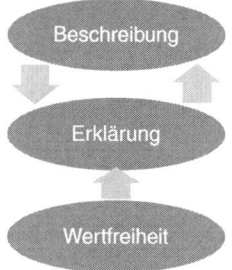

Abb. 3.3 Schaubild zum Prozess der durch Achtsamkeit und Wertfreiheit bereicherten Wahrnehmung

das tatsächlich Beobachtbare gelegt wird. Durch die damit einhergehend gewonnene Fähigkeit, mehrere Erklärungen zuzulassen und diese an der Beobachtung zu messen statt an der subjektiv vorgenommenen Bewertung wird in einer ständigen Rückkoppelung mit der subjektiven Seite des Gegenübers ein Klima des Wachstums und der Perspektivenerweiterung geschaffen.

Achtsamkeit hat also eine ganz zentrale Bedeutung im Erlernen jener Kompetenzen, welche einen konstruktiven Umgang mit Konflikten erleichtern und dabei auch persönliches Wachstum begünstigen. Achtsamkeit befreit dabei als ein Nebenprodukt auch vom Erwartungsdruck, welcher resultierend aus einer vorgenommenen Bewertung in zukünftige Begegnungen mit ähnlich erklärten Momenten und Situationen gelegt wird. Diese Erwartungsfreiheit begünstigt dann ihrerseits ein unvoreingenommenes Beobachten und Beschreiben zukünftiger Wahrnehmungen: Der Blick wird frei und der Wahrnehmungshorizont bei fortgeschrittener Praxis der achtsamen Begegnung stetig ein größerer.

Strategiemodelle unter Berücksichtigung des Eskalationsstufenmodells

Die beispielhaft beschriebenen Möglichkeiten zur Steigerung des Eigenverständnisses wahrzunehmen und dabei die Bereitschaft zu leben, an sich selbst zu arbeiten, ist der wichtigste Schritt in die konstruktive Konflikttransformation. Jede Veränderung in einem System, so eben auch die Veränderung der eigenen Haltung und des Eigenverständnisses mit dem Willen zu persönlichem Wachstum, bewirkt automatisch auch Änderungen im sozialen Umfeld. Das bedeutet aber leider noch nicht, dass damit Konflikte, vor allem hocheskalierte Konflikte, durch einseitige konstruktive Begegnung bereits transformiert werden können. Es bedarf beiderseitiger Schritte, wobei verschiedene Modelle, welche an die bereits erreichte Stufe der Eigendynamik des Konfliktgeschehens angepasst sind, dabei hilfreich wirken können.

Die verschiedenen Modelle zur Eskalation eines Konfliktes haben also nicht nur den Sinn, die dahinterstehende Dynamik zu erkennen und die Abläufe zu verstehen. Es geht dabei nicht bloß um eine mögliche Einschätzung, wie der weitere Verlauf aussehen könnte im Fall des Ausbleibens einer deeskalierenden Intervention durch die Akteure selbst oder einen Außenstehenden. Die Modelle sind in der Konfliktanalyse hervorragend für eine Einschätzung des hilfreichsten Instruments zur konstruktiven Bereinigung des Konfliktes geeignet.

Aufbauend auf dem neunstufigen Eskalationsmodell nach Glasl bieten sich verschiedene Strategien an. In jedem

Fall ist es sinnvoll, wenn die Akteure ihre Kompetenzen in der Eigenwahrnehmung, einer gewaltfreien Kommunikation und der Begegnung des Umfeldes in Achtsamkeit und Erwartungsfreiheit steigern. Zumeist lässt sich bereits durch eine konsequente Anwendung dieser Fähigkeiten eine Wiederherstellung der konsensualen Auseinandersetzung mit unterschiedlichen Bedürfnissen und Interessen zu einem akuten Thema erreichen.

Moderation

Unterstützend hat sich bei Konflikten, bei welchen die Eskalationsstufe 4 noch nicht erreicht wurde, das Strategiemodell der Moderation als hilfreich bewährt. Dem Moderator, welcher hier darauf vertrauen kann, dass die Akteure die Befähigung der Kommunikation noch nicht verloren haben und grundsätzlich noch vom Bestreben nach dem Finden einer für beide tragbaren Lösung getragen werden, kommt hier lediglich ordnende und den Gesprächsverlauf in Gang haltende und unterstützende Funktion zu. Von Bedeutung ist dabei, dass er den Akteuren Zeit und Raum gibt, ein Gefühl für die Themen zu bekommen und aus mehreren Perspektiven betrachten zu können ohne den Druck einer sofortigen Lösungsfindung. Anstelle des linearen Denkens, bei welchem durch ein vorzeitiges „jumping into solutions" vor einer ausreichenden Tiefe der Erörterung der Faktenlage und Hintergründe die Gefahr bestünde, dass sich ein Akteur überrumpelt fühlt, wird durch geeignete Techniken das Kennenlernen der ausgelösten Gefühle und die Aussprache von Bedürfnissen und Interessen gefördert, womit eine allgemeine Entkrampfung stattfinden kann.

Eine der Techniken wird neben der Hilfestellung zur Einhaltung einer gewaltfreien Kommunikation die von M. Miles herausgearbeitete Übung der „Alter Ego"-Kommentare sein, bei welcher der Blick und das Verständnis in Relation zum Gegenüber wieder geweitet werden. Die Akteure werden dabei gleichsam dazu angehalten, ein wenig in den emotionalen Schuhen des anderen zu gehen: Während die Konfliktparteien A und B miteinander eine Episode des Konfliktes besprechen, versucht jeder zu beobachten, wie sich die andere Person fühlt. Sobald eine Person bei der anderen eine solche empathische Wahrnehmung macht, darf sie diese Beobachtung als „Alter Ego" des anderen in einer Ichformulierung benennen und räumt dabei die Möglichkeit ein, dass diese Beobachtung bestätigt oder auch korrigiert wird.

> **Gedankenkino**
>
> Die Schwiegermutter schildert eine Episode aus dem letzten Besuch. Wie vereinbart unterbricht das Schwiegerkind nach wenigen Minuten des Zuhörens: „Alter Ego für Schwiegermutter: Ich habe Angst, dass die Beziehung zu meiner Tochter immer schlechter wird." Die Schwiegermutter erwidert darauf, dass dies zutreffe, und erzählt weiter.

So kann jeder aussprechen, was ansonsten weiter unterschwellig mitschwingen und einen Teil der Wahrnehmungskompetenzen blockieren würde. Ziel dieser Intervention ist es vorrangig, sich in die Gefühle und Einstellungen des anderen einzuleben und zu lernen, diese Gefühle nicht zu unterdrücken, sondern zu erkennen und zu benennen.

Eine weitere in diesem frühen Konfliktstadium oft erfolgreich eingesetzte Technik ist die sogenannte Gummibandmethode. Bei diesen stellt der Moderator die bezogenen Standpunkte als provokant überzogene einander ausschließende Gegensatzpaare beispielsweise auf einer in Form eines Doppelpfeiles visualisierten Ebene auf einem Flipchart dar. Dies hat mehrfache Wirkung: Zum einen wird durch die Visualisierung die Kreativität in den Akteuren adressiert und geweckt, zum anderen werden durch die Überzogenheit der Darstellung beide Akteure dazu veranlasst, korrigierend zu protestieren, dass sie diese Extremposition ohnehin nicht einnehmen würden. Dazu fragt der Moderator nach und vermerkt den korrigiert dargestellten Standpunkt auf dem Doppelpfeil als neuen, etwas näher der Mitte liegenden Punkt. Damit nehmen beide Konfliktparteien eine gegenseitige Annäherung war, was die Tendenz zur Schwarz-Weiß-Malerei in den Gedanken umkehrt, da insgeheim aufgebaute Befürchtungen und Unterstellungen zur Gegenseite mit dem damit einhergehenden Drang zur Steigerung des Widerstandes zur sichtbaren Position widerlegt werden. Gleichsam einem überspannten Gummiband werden die beiden Enden zur Mitte gezogen, eine Dynamik zu einer Annäherung wird in Gang gesetzt.

Die Interventionen wenden sich in der Moderation am meisten der Klärung von gegenseitigen Wahrnehmungen zu. Sozialpsychologische Blitzlichter, also der Einsatz von Methoden zur Schärfung der Fremd- und Eigenwahrnehmung hinsichtlich des sozialen Verhaltens als wechselseitige Wirkung zwischen Individuen beziehungsweise Gruppen, werden mit nur wenig Tiefgang zur Konfliktanalyse sowie

Problemlösung und Entscheidungsfindung eingesetzt. Die Moderation schafft dabei eine Stärkung des bei den Akteuren im Grunde noch vorhandenen Rahmens der Sicherheit, welcher im Prozess etwa bei der Abklärung der Frage, ob Absicht und Aufnahme einer Botschaft identisch sind, hilfreich ist. Der Moderator bietet eine Metaebene, auf welcher die Akteure durch die erfolgte Wiederholung und Zusammenfassung der jeweiligen Aussagen eine zusätzliche Form der Reflexion zu den verhandelten Themen erhalten und dabei zu einer distanzierteren Sichtweise finden.

Prozessbegleitung

Die Prozessbegleitung wird auf den Eskalationsstufen 3 bis 5 empfohlen. Der Prozessbegleiter unterstützt die Konfliktparteien bei der Arbeit an bereits länger fixierten Wahrnehmungen und Verhaltensweisen. Dabei übernimmt der Prozessbegleiter, welcher neben dem Beherrschen der Moderationstechniken auch über die entsprechenden Qualitäten und Erfahrungswerte verfügen muss, die Aufgabe, helfend, unterstützend, stimulierend, nicht zwingend, nicht beurteilend und nicht suggestiv auf die Akteure und den zwischen ihnen laufenden Prozess einzuwirken. Ziel der Prozessbegleitung ist die Befähigung beziehungsweise Wiederbefähigung der Akteure, die Konflikte aus eigener Kraft zu lösen sowie dafür die automatisch wirkenden Konfliktmechanismen zu erkennen und außer Wirkung zu setzen.

In der Prozessbegleitung gilt es bereits, den verloren gegangenen Rahmen der Sicherheit für eine konstruktive Verhandlung herzustellen. Methoden zur Schärfung der Fremd- und Eigenwahrnehmung hinsichtlich des sozialen

Verhaltens als wechselseitige Wirkung zwischen Individuen beziehungsweise Gruppen werden mit mehr Tiefgang als in der Moderation zur Konfliktanalyse sowie Problemlösung und Entscheidungsfindung eingesetzt; die Grenze zur Therapie wird allerdings gewahrt, und es erfolgt keine einer solchen vorbehaltene gezielte Bearbeitung der Persönlichkeitsebene der Konfliktparteien. Um die bereits gefestigten Rollen und Beziehungen der Akteure zu lockern, werden die Akteure dabei begleitet, sich selbst einer Konfrontation mit den stereotypen Selbst- und Feindbildern zu stellen. Eine der dabei zum Einsatz gebrachten Methoden ist etwa jene des Psychodramas von G. Leutz: Aus dem Konfliktverlauf wird eine kritische Episode herausgegriffen, und die Akteure werden dazu angehalten, diese in sich hochzuholen und in allen erinnerlichen Details bis hin zu den damals wahrgenommenen Gerüchen zu beschreiben. Jeder der Akteure teilt nun seine Erinnerungen mit und dramatisiert sie, wobei jeder zunächst seine eigene Rolle spielt. Nach einiger Zeit tauschen sie ihre Rollen und setzen den Dialog fort, jeweils aus der Sicht des anderen. Diese Methode kann hilfreich sein, die eigenen Barrieren zu entdecken und den für eine Öffnung erforderlichen psychischen Abstand zur eigenen Rolle zu gewinnen.

Rückschlüsse auf das jeweilige Konfliktlösungsmuster – und damit auf die als hilfreich bewährten verschiedenen Interventionsarten – bei einer gleichzeitigen Stärkung der Kooperationsfähigkeit, Eigenwahrnehmung sowie Einfühlungsfähigkeit lässt eine als „Haus-Baum-Hund" in der Literatur beschriebene Methode zu: Die beiden Akteure erhalten gemeinsam einen Stift und einen Bogen Papier mit der Aufgabenstellung, ohne miteinander zu sprechen – und zwar auch nicht über Mimik, Gestik, Laute oder Körpersprache – in beliebiger Reihenfolge ein Haus, einen Baum und einen Hund gemeinsam – also so, dass beide den gemeinsamen Stift in der Hand halten – auf das Blatt Papier zeichnen. Wenn sie Haus, Baum und Hund gezeichnet haben, soll das Bild gemeinsam mit einem Künstlernamen unterschrieben werden und danach von beiden mit Schulnoten von eins bis fünf benotet werden. Danach wird beiden die Gelegenheit gegeben, die gewonnenen Eindrücke zu schildern und zu diskutieren: Wie habe ich das erlebt? Was ist mir schwer, was ist mir leicht gefallen? Wie leicht oder schwer war das gemeinsame Führen des Stiftes? Wie sehr konnte ich mich durchsetzen, wie sehr musste oder wollte ich mich unterordnen? Was ist produktiver: zusammenzuarbeiten oder sich durchzukämpfen? Wie geht es mir in ähnlichen Situationen? Auf anderer Ebene als den Konfliktthemen erkennen die Konfliktparteien einander und bemerken dabei auch für die Transformation des eigentlichen Konfliktes nutzbare Gemeinsamkeiten. Die Übung hilft bei der gemeinsamen Einsicht, dass es gilt, eine Balance zueinander zu finden mit dem für die weitere Zusammenarbeit am Konfliktthema beflügelnden Erfolgserlebnis, in dieser Übung bereits gemeinsame Lösungsansätze gefunden zu haben. Kreativität wird wieder geweckt, welche für die Lösungsfindung eingesetzt werden kann, ein sehr wahrscheinliches gemeinsames Lachen im Zuge der Übung löst darüber hinaus einige bestehende Verspannungen und Verkrampfungen.

Wie auch in der Moderation steht beim Modell der Prozessbegleitung die selbstbestimmte und eigenverantwortliche Lösungsfindung im Vordergrund, und es wird die Strukturierung der Auseinandersetzung unter Einsatz von dem Eskalationsgrad entsprechenden Methoden mit der Zielsetzung geboten, zur Entwicklung von Lösungsideen und einer für beide stimmigen Entscheidung zurückzufinden.

Sozio-therapeutische Prozessbegleitung

In der sozio-therapeutischen Prozessbegleitung, welche im Bereich der von einer Win-Lose-Motivation geprägten Eskalationsdynamik des Konfliktes – also in den Stufen 4 bis 6 – bewährtermaßen hilfreiche Dienste leisten kann, steht die Persönlichkeitsebene der Konfliktparteien gemeinsam mit dem Konflikt als solchem im Mittelpunkt der Arbeit. Hier gelangen daher bereits viele aus der Psychotherapie bekannte Interventionsmethoden zum Einsatz. Es geht hier gleichrangig mit der Wiedererlangung der eigenen gemeinsamen Lösungskompetenz um die Durchbrechung neurotischer Rollenbindungen, die einer konstruktiven Konflikttransformation entgegenstehen. Die Anforderungen an die sozio-therapeutische Prozessbegleitung liegen daher in diesem Bereich sehr hoch, wenngleich es sich hier noch um eine Form des Konfliktmanagements und nicht primär der Psychotherapie handelt.

Vermittlung

Vermittlungsinterventionen sind hilfreich auf den Eskalationsstufen 5 bis 7, wenn die Konfliktparteien zwar keine Möglichkeiten mehr für kooperative Konfliktbehandlung sehen, aber zugleich noch den Willen besitzen, weiteren Schaden einzuschränken oder zu vermeiden. In diesem Strategiemodell steht eine Verbesserung der Beziehung als Nebenprodukt zur Konflikttransformation deutlich im Hintergrund: Primär geht es um eine Beilegung des Konfliktes und eine rasche Lösungsfindung auch unter Einbezug von außen kommender Lösungsvorschläge. Auch eine Kombination mit Sanktionen und Druckmitteln kann hier zum Einsatz kommen.

Eine der bekanntesten Techniken, die GRIT-Taktik nach C. Osgood, wird vor allem zur einseitig initiierten Entspannung in Krisen vorgeschlagen: Eine Konfliktpartei erklärt öffentlich ihren Vorsatz, zu einer einseitigen Maßnahme der Spannungsverminderung überzugehen, und führt im Anschluss auch eine eindeutige Gebärde der Versöhnung durch mit der Einladung an die andere Konfliktpartei, dem Beispiel zu folgen. Auch wenn die Gegenpartei darauf nicht positiv reagiert, folgt eine weitere versöhnende Gebärde. Wenn die Gegenpartei darauf aggressiv reagiert, folgt eine – ebenfalls öffentlich angekündigte – angemessene, aber deutlich sehr beschränkte Maßnahme der Vergeltung, auf welche die erneute Ankündigung und Umsetzung einer entspannenden Maßnahme folgt.

Von der Vermittlung als beschriebenes Strategiemodell zu unterscheiden ist die Mediation, auf welche später im Detail eingegangen wird.

Schiedsverfahren

Als am ehesten hilfreich zur Erreichung des Zieles der Verhaltensbegrenzung, Verhaltenskontrolle und Verhaltenskonditionierung in auf die Stufen 6 bis 8 hocheskalierten Konflikten hat sich das Strategiemodell des Schiedsverfahrens erwiesen. Dabei sollen die Parteien zur Annahme einer verbindlichen Lösung geführt werden, wobei der Schiedsrichter aufgrund eigener Beurteilungen entscheidet, wie der Konflikt gelöst werden kann. Dieser muss in jeder Hinsicht neutral, unparteilich und unbefangen sein und akzeptiert die Wahrnehmungen der Parteien mehr oder weniger so, wie sie sind. Er wirkt auch nicht auf die Einstellungen der Parteien ein. Der Konflikt wird grundsätzlich über Verhaltensregulierungen beziehungsweise Verhaltenskontrolle beendet. Darum werden die Gefühle der Feindschaft nicht geheilt und können jederzeit bei einem anderen Thema wieder zu einem raschen Hocheskalieren eines neuen Konfliktes führen.

> **Gedankenkino**
>
> Emilie, die Schwiegermutter von Ludwig, begehrt eine gerichtliche Entscheidung über das Besuchsrecht hinsichtlich ihrer Enkelkinder. Die Entscheidung wird hier zwar zu genauen Regeln führen, die einer Kontrolle zugänglich sind, das Verhältnis zwischen Schwiegermutter und Schwiegerkind wird allerdings dadurch nicht zwangsläufig ein besseres werden. Es besteht zu anderen Themen jederzeit die Gefahr eines neuerlichen Aufflammens eines hocheskalierenden Konfliktes.

Machteingriff

Auf den Eskalationsstufen 7 bis 9 ist davon auszugehen, dass alle bisherigen Konfliktregulationen versagt haben und die weitere Eskalation des Konflikts nur durch einen

Machteingriff aufgehalten werden kann. Die Machtinstanz kann ihre Maßnahmen gegen den Willen der Betroffenen durchsetzen. Ein Machteingriff bedeutet absolute Verhaltenskontrolle. Die Emotionen werden so beeinflusst, dass sie zur Lähmung und zu Gefühlen der Schwäche und Angst führen. Die Ziele dieser Intervention sind, Distanz zum bisherigen Geschehen zu schaffen und neue Bewertungsmaßstäbe und Ziele zu setzen, die Gefahren liegen in der Gefährdung der psychischen Integrität der Konfliktparteien, im raschen Aufflammen neuer Konflikte und der Integrität der Machtinstanz.

> **Gedankenkino**
>
> Lisa setzt, nachdem keiner der bisherigen Versuche der Beilegung des ständigen Streites zwischen ihrer Mutter und ihrem Mann gefruchtet hat, beiden ein Ultimatum: Entweder nehmen beide an der Familienweihnachtsfeier teil, oder sie spricht mit beiden kein Wort mehr. Damit hat Lisa einen Machteingriff gesetzt, läuft aber Gefahr, das weitere Geschehen nicht mehr ohne fremde Hilfe in den Griff zu bekommen.

Überblick über das Anbot an Hilfestellungen

Wie bereits ausgeführt, ist es für bereits hocheskalierte Konflikte oder auch als Unterstützung bereits davor ratsam, einen geeigneten Experten als Prozessbegleiter hinzuzuziehen. Es ist dies keine Schande und auch kein Zeichen von Schwäche, sondern vielmehr ein Zeichen von ausgeprägtem Verantwortungsbewusstsein: So wie es leichtsinnig wäre, einen sich zuspitzenden Krankheitsverlauf verdrängen zu wollen ohne die Konsultation einer Fachkraft, so ist es unverantwortlich, in hocheskalierten Konflikten oder allgemein in zwischenmenschlichen Situationen, in welchen einem sprichwörtlich die Luft wegbleibt, keine angemessene Hilfestellung in Anspruch zu nehmen.

Nachbarschaftshilfe

Der gemeinsame Freundeskreis und auch die Familie sind oftmals Zeugen von Konflikten. Es erscheint daher naheliegend, dass hier auch Hilfestellung gefunden werden kann in der Konflikttransformation. Vorteile, die hier erkannt werden, sind das bestehende Vertrauensverhältnis und die Gewissheit, mit den eigenen Bedürfnissen gesehen zu werden und damit ausreichend Platz zu erhalten, das eigene Fühlen, Denken und Wollen zum Ausdruck zu bringen und zu einer Lösung zu finden, in welchen die eigenen Interessen Niederschlag finden.

Die Anforderung an eine solche Person, die zur Nachbarschaftshilfe herangezogen wird, sind aber nicht zu unterschätzen, und die Verantwortung ist unbedingt ernst zu nehmen. Es bedarf der Bereitschaft, sich geduldig beide Sichtweisen anzuhören, und einer gewissen konstruktiven Neugier, um durch gezielte Fragen an die jeweiligen Beweggründe heranzukommen. Anders als bei einem Kaffeehausklatsch ist nämlich niemandem gedient, wenn vorschnell Ratschläge erteilt werden, die sich nur allzu oft als Bumerang erweisen und schon rasch zu einer weiteren Eskalation statt einer intendierten Transformation des Konfliktes führen.

> **Gedankenkino**
>
> Zwei Schwestern streiten sich über eine Orange, die sie beide haben wollen. Schließlich ziehen sie ihre Mutter hinzu, um zu einer Lösung zu kommen. Beide schildern ihr Begehr und die Mutter schlägt, ohne lange nachzufragen, die offensichtlich richtige Lösung vor: die Frucht ist zu halbieren und beide erhalten eine Hälfte. Wobei sogar, um dem vermeintlichen Thema Gerechtigkeit möglichst nahe zu kommen, festgesetzt wird, dass jene Schwester, welche die Frucht auseinanderschneidet, der anderen die Wahl der Hälfte überlässt, sodass eine Übervorteilung ausgeschlossen erscheint.
>
> Nun sind allerdings beide Schwestern nach Umsetzung dieses Lösungsvorschlages, den sie ob der anerkannten Weisheit der hinzugezogenen Mutter rasch akzeptieren, unglücklich. Weshalb ist rasch erkennbar: Die eine nimmt nun ihre Hälfte, isst das Fruchtfleisch und wirft die Schale weg während die andere statt dessen das Innere wegwirft und die Schale für einen Kuchen reibt.
>
> (Aus Fisher R, Ury LU, Palton BM (2009) Das Harvard-Konzept. Campus, Frankfurt am Main, S. 90)

Die Qualifikationen eines Moderators sollten für einen erfolgreichen Einsatz als Nachbarschaftshilfe also unbedingt gegeben sein. Es bedarf keiner Ratschläge, sondern der konsequenten Heranführung der Konfliktparteien an die Bedürfnisebene mit anschließender eigenverantwortlicher Ideensammlung und Lösungsvereinbarung. Auch ist von Bedeutung für den Erfolg dieser Hilfestellung, dass die hinzugezogene Person zu beiden Konfliktparteien in einem ausgewogenen Verhältnis steht und erst aktiv wird, wenn dies von beiden Seiten gewünscht wird: Eigene Rollenbindungen sind hier unbedingt zu beachten, und eine Zurückhaltung im Anbieten der Dienste ist zu üben, da ansonsten rasch ein Hineinkippen in den Konflikt droht.

> **Gedankenkino**
>
> Rosi möchte den Streit zwischen dem Mann ihrer Schwester und ihrer Mutter schlichten. Sie findet es einfach blöd, dass da wegen Lappalien wie der Frage, ob denn die AHS oder die Hauptschule die besseren Voraussetzungen für die Ausbildung ihrer Nichte darstellen, zynische Kommentare ausgetauscht werden von den beiden. Ehe sie sich versieht, steht allerdings plötzlich Rosi im Mittelpunkt des Zankes zwischen den beiden: Plötzlich soll sie sich gegenüber ihrer Mutter rechtfertigen, weshalb sie es nicht zu schätzen wisse, selbst die AHS besucht haben zu dürfen trotz aller Entbehrungen, die ihre Mutter dafür hat hinnehmen müssen, um ihr einen besseren Start ins Leben zu ermöglichen, als sie selbst es hatte.

Die Grenze für die Chance einer erfolgreichen Intervention liegt obendrein dort, wo ein Konflikt an der Grenze zur Eskalation in die Stufe 4 steht. Ab diesem Punkt besteht nämlich die Gefahr, dass die Konfliktparteien im hinzugezogenen „Nachbarn" nur einen potenziellen Verbündeten für den jeweils vertretenen Standpunkt sehen. Schnell kann dann eine Verstrickung in das Konfliktgeschehen erfolgen.

Zusammenfassend ist also festzustellen, dass Nachbarschaftshilfe sehr hilfreich sein kann, allerdings nur bei vollständiger Erfüllung der Voraussetzungen:

- Einverständnis beider Konfliktparteien,
- Qualifikation des hinzugezogenen „Nachbarn" in den wesentlichen Moderationstechniken,
- Einnahme und Wahrung einer allparteilichen Stellung des hinzugezogenen „Nachbarn", also insbesondere keine rollenmäßige Verstrickung, und
- der Konflikt darf in seinem Eskalationsgrad die Stufe 4 noch nicht erreicht haben.

Ist nur eine dieser Voraussetzungen nicht gegeben, so ist eine Hinzunahme des „Nachbarn" eher eskalationsfördernd denn hilfreich.

Familienberatung

In der Familienberatung geht es darum, zu konkreten Fragen professionelle Ratschläge für die eigenverantwortliche Umsetzung zu erteilen. Es erfolgt dabei nach Erhebung des Sachverhaltes anhand der Erzählungen des Ratsuchenden und allenfalls auch weiterer betroffener Personen bereits eine Unterstützung bei der Herausarbeitung und Definition der zentralen Fragestellungen zu den aufgetretenen Problemen. In weiterer Folge werden, zumeist juristische und psychologische, Ratschläge fachkompetent erteilt. Die inhaltliche Verantwortung für die allfällige Umsetzung oder sonstiger weiterer Schritte verbleibt allerdings bei den Akteuren.

Gerade in Konfliktsituationen erscheint die Familienberatung hinsichtlich juristischer Ratschläge allerdings nicht unproblematisch, zumal die angesprochene Ebene der Normen des Gesellschaftssystems dazu verleitet, Wahrnehmungen und Emotionen auf die Ebene von moralischen Urteilen zu kanalisieren. Sofern der Ratschlag sich dabei deckt mit dem im Konflikt bezogenen Standpunkt, wird daher eine Tendenz zur Verurteilung und Bekämpfung des anderen Akteurs Unterstützung erfahren. Für den Fall einer den eigenen Interessen zuwiderlaufenden Auskunft wird im Fall, dass die Wahrnehmungskompetenz so weit erhalten ist, dies auch zu erkennen und zu akzeptieren, die Gefahr bestehen, im Konflikt aus diesen Überlegungen heraus Scheinzugeständnisse zu machen und damit die Basis für eine weitere Eskalation in unterkühltem Konfliktstil zu legen, zumal die eigenen Bedürfnisse neben der nun zusätzlich realisierten Bedrohung durch das Normensystem ja unverändert bestehen und keine Berücksichtigung erfahren. Es erscheint daher angezeigt, insbesondere in hocheskalierten Konfliktsituationen juristische Ratschläge in Kombination mit psychologischer Fachberatung einzuholen.

Psychologische Ratschläge hingegen werden durchaus geeignet sein, die konstruktiven Kompetenzen zur Deeskalierung anzusprechen und zu persönlichem Wachstum an einer Auseinandersetzung mit Möglichkeiten der konsensualen Bereinigung des Konflikts zu ermuntern.

Familienberatung ist ein hervorragendes Instrument zur Bestimmung der eigenen Position und zur Verdeutlichung der in Gang gebrachten Dynamik des Konfliktes. Es wird eine Außensicht geboten mit Erfahrungswerten des möglichen weiteren Verlaufes sowie Empfehlungen für eine eigenverantwortliche Aufnahme von Maßnahmen zur Abwehr drohenden Schadenspotenzials. Für eine nachhaltige Absicherung einer Transformation des Konfliktes in ein wachstumsfreundliches Beziehungsklima kann Familienberatung allein allerdings nur einen Impuls setzen, die Überprüfung auf die Konsensfähigkeit im individuellen Fall sowie die Umsetzung hat eigenverantwortlich oder unter Hinzuziehung von Fachleuten aus einem anderen Servicegebiet zu erfolgen.

Familientherapie

Reicht eine Familienberatung nicht aus, um eine von den Akteuren nicht mehr als eigenverantwortlich lenkbar empfundene Situation wieder in den Griff zu bekommen, so kann im Zuge einer Familientherapie Unterstützung hinzugenommen werden, in welcher durch therapeutische Interventionen das Ziel der Auflösung oder Linderung diagnostizierter Krankheitssymptome unterstützt wird. Es geht hier um den Wiederaufbau der Kompetenz, die inhaltliche Verantwortung für das weitere Vorgehen zu tragen.

In der modernen Familientherapie geht es dabei nicht in erster Linie um die Heilung der aufgetretenen Symptome, welche sich durch den Konflikt manifestiert haben, sondern primär um die Reaktivierung der Transformationsfähigkeit des Familiensystems und der einzelnen Mitglieder hinsichtlich der sinnvollen und konstruktiven Nutzung der aufgestauten Energien. Es werden durch verschiedenste Interventionen bis in sehr tiefe Ebenen der Persönlichkeit hinein Träume und Wünsche geweckt und im Anschluss daran über die Bestärkung der vorhandenen Kompetenzen Bewältigungsmuster aufgebaut und das Selbstbewusstsein sowohl als Familie als auch als einzelnes Mitglied derselben gestärkt.

Modelliert wird dieser Prozess zumeist in mehrere Phasen, wobei am Beginn stets der Aufbau eines vertrauensvollen Klimas und die Informationsbeschaffung stehen. In dieser ersten Phase werden dabei begleitend zur Schilderung der Vorkommnisse, welche von den Einzelnen als besonders beschwerlich und belastend empfunden werden, bereits die Kommunikationsprozesse in der Familie, der Selbstwert des einzelnen Familienmitglieds und die offenen und verdeckten Familienregeln mit erhoben.

Anschließend werden die dysfunktionalen Prozesse, welche in der ersten Phase bereits deutlich geworden sind, mit verschiedensten Interventionen behandelt. Der Therapeut unterstützt dabei die Familienmitglieder, ihre Angst, ihre Wut, ihren Schmerz anzunehmen und die zum Selbstschutz errichteten Grenzen, die durch Kommunikationsstörungen, Indirektheit, Nominalisierung, restriktive Familienregeln und Ähnliches zum Ausdruck kommen, abzubauen. Diese Öffnungsphase ist eine besondere Herausforderung an den Therapeuten, der hier eine besondere Verantwortung für seine Klienten trägt und dessen uneingeschränktes Vertrauen benötigt. Er begleitet die einzelnen Mitglieder dabei in noch unerschlossene oder auch verschüttete Bereiche der Persönlichkeit und zeigt dabei die damit verbundenen Ressourcen auf, welche konstruktiv zu Wachstum als Individuum und als Bestandteil der Familie genutzt werden können. Dabei wird das Augenmerk, welches noch in der ersten Phase primär auf der Vergangenheit gelegen ist, in die Gegenwart geholt. Die Interventionen, bei welchen alle Sinne angesprochen werden zur optimalen neurobiologischen Verknüpfung der neuen erweiternden Erfahrungen, stellen darauf ab, die Selbstwahrnehmung in der Gegenwart zu festigen und dabei das Gefühl von Kontrolle über das eigene Schicksal zu festigen. Das damit gestiegene Selbstwertgefühl macht es dem Einzelnen nunmehr möglich, auch die anderen Familienmitglieder abgelöst von in der Vergangenheit aufgestauten Emotionen und gefestigten Erwartungen in der Gegenwart wahrzunehmen.

In der dritten Phase geht es schließlich darum, die aus der erfolgten Öffnung gegenüber persönlichem Wachstum und dem damit einhergehenden Beschreiten neuer Wege gewonnenen Hoffnungen in neue Verhaltensmuster zu integrieren und damit zu festigen. Die Familie wird quasi neu zusammengesetzt zu einem neu erweckten gemeinsamen Bild, in welchem alle sich wohlfühlen und jenen Platz vorfinden, den sie für weiteres persönliches Wachstum benötigen.

Familientherapie ist eine hervorragende Form der Hinzunahme außenstehender Fachleute in die Konflikttransformation. Sie ist immer dann dringend zu empfehlen, wenn einzelne, vielleicht auch am eigentlich nach außen wahrnehmbaren Konflikt selbst scheinbar unbeteiligte Familienmitglieder im Konfliktverlauf bereits schwerwiegende Persönlichkeitsveränderungen zeigen und im Familiensystem daraus ein Leidensdruck entsteht, zu welchem kein Ausweg zu existieren scheint. In einzelnen Fällen wird auch eine zu anderen externen Hilfestellungen begleitende Inanspruchnahme, etwa als Unterstützung einer laufenden Mediation, angezeigt sein.

Systemische Familienaufstellung

Pete A. Sanders schreibt in seinem Handbuch übersinnlicher Wahrnehmung: „Viele Deiner Gefühle sind eigentlich gar nicht Deine. Es sind die Gefühle anderer Menschen, die Du aufnimmst." Verantwortlich dafür sind die sogenannten Spiegelneuronen, welche wir aus der neurobiologischen Betrachtung der Bedeutung des menschlichen Hirns für das Konfliktverhalten bereits kennen. Wir sind somit, auch wenn es vielen nicht bewusst ist, oftmals nicht nur mit unseren eigenen Gefühlen konfrontiert, sondern auch mit solchen jener Personen, mit welchen wir in Verbindung stehen. Es ist dabei unbeachtlich, ob wir selbst diejenigen sind, welche gleichsam dem Wählen der Telefonnummer vor einem Telefonat die Verbindung aufnehmen oder, um bei diesem Vergleich zu bleiben, die angerufenen sind.

Somit passiert es auch im Alltag immer wieder, dass man in eine Stellvertreterrolle rutscht, man sich also mit Emotionen beschäftigt und den daraus erwachsenden Verhaltensdruck verarbeitet, die gar nicht zu einem selbst gehören. Wichtig ist es zu erlernen, die Eigenwahrnehmung so weit zu schärfen, dass man dies erkennt und sich dann bewusst entscheidet: Stehe ich weiter zur Verfügung für diese Rolle, oder will ich damit jetzt nichts anfangen? Jedenfalls muss man erkennen, dass es dann gerade nicht eigene Gefühle sind, die man empfindet und lebt, dass es nicht das eigene Nähe-Distanz-Spiel ist, welchem man sich ausgesetzt sieht. Konflikte, die man in einer solchen Stellvertreterrolle steckend ausficht, sind nicht die eigenen, können aber rasch auch Auswirkungen auf das eigene soziale Umfeld bekommen, weshalb man hier sehr vorsichtig und klar im Auftreten sein muss.

Vielerorts wird in Kenntnis dieser Fähigkeiten des menschlichen Hirns angeboten, zur Abklärung von dynamischen Prozessen in zwischenmenschlichen Begegnungen systemische Familienaufstellungen durchzuführen. Die Abläufe sind hier höchst unterschiedlich und reichen von einer bloßen Abbildung der wahrgenommenen Energieflüsse innerhalb des Familiensystems unter Einschluss auch gar nicht mehr lebender Mitglieder oder solcher, zu welchen kein Kontakt mehr zu bestehen scheint, deren energetische Einwirkungen im System aber dennoch unverändert erhalten sind, auf Familienbrettern mit verschiedenen Figuren oder Gebilden über die serielle Abarbeitung der energetisch wirkenden Personen im System mit der aufstellenden Person allein bis hin zu Aufstellungen mit Menschen als Energieträgern. In letzterem Fall können entweder geeignete Personen, welche sich zur Verfügung stellen und von der aufstellenden Person, welche anschließend aus einer Außenperspektive betrachtet, welche Kräfte zwischen den aufgestellten Rollen wirken und wie sich das äußert, die einzunehmenden Rollen genannt bekommen, gewählt werden, oder es stellen sich dabei auch die Akteure selbst körperlich mit zur Verfügung.

Bei systemischen Familienaufstellungen wird oftmals ein Bewusstsein geweckt für Zusammenhänge, welche im Alltag gar nicht wahrgenommen werden und dennoch deutlich spürbar zutage treten: Ein verstorbenes Familienmitglied, mit welchem ein innerfamiliärer Konflikt nicht abgeschlossen wurde, steht in Verbindung mit einem anderen Familienmitglied, welches, ohne es zu merken, die emotionalen Verstrickungen mit übernommen hat; emotionale Spannungen zwischen zwei Familienmitgliedern, welche aufgrund der Familienregeln nicht ausgelebt werden dürfen und von den beiden infolge eines sehr ausgefeilten Schutzmechanismus in der Persönlichkeitsstruktur gar nicht mehr bewusst sind, wirken auf ein anderes Familienmitglied. Es werden durch die unbeeinflusste repräsentative Wahrnehmung der aufgestellten Personen Zusammenhänge aufgedeckt, welche ein Verständnis wecken für so manche bislang unerklärliche Komplikation im Gefüge.

Für die Deutung der Abläufe und die Kontrolle des Geschehens bedarf es einer erfahrenen Begleitperson, zumal die emotionalen Ausbrüche durchaus gravierend sein können. Es ist auch hilfreich, wenn der Aufstellungsleiter psychotherapeutische Qualifikationen besitzt, da diese in der Unterstützung der aufstellenden Person bei der Deutung und Verarbeitung der aufgezeigten Dynamiken wertvolle Dienste erweisen können.

Familienmediation

Konflikte haben immer eine Sachebene und einen emotionalen Kontext. Innerhalb der Konfliktdynamik gerät dabei zunehmend das für die Beziehungsebene erforderliche Gleichgewicht aus der Balance, weshalb es proportional zum Eskalationsgrad des Konfliktes an Bedeutung zunimmt, diese Balance wieder herzustellen und nicht die durch das Ungleichgewicht auf den Plan gerufenen automatischen Musterprozesse blind wüten zu lassen. Bei scheinbar rein rational ausgetragenen Konflikten gilt es, die Emotionen herauszuarbeiten, um damit der Antriebsfeder für die Konflikteskalation positive Energieentfaltungsmöglichkeiten einzuräumen, während bei einem scheinbar ausschließlich emotional geführten Konflikt Raum für Sachlichkeit geschaffen werden muss. Dabei ist die strukturelle beziehungsweise soziale Ebene mit zu berücksichtigen: Welche Rolle spielen etwa Zugehörigkeitsgefühle, die hier meist selbst dem Akteur unbewusst stellvertretend gelebt werden?

Die Familienmediation bietet einen Rahmen, in welchem aufbauend auf einem Klima des Vertrauens durch das Ansprechen der Gefühlsebene der Zugang zu jenen Bedürfnissen freigelegt wird, welche durch die bloße Argumentation mit faktenbasierenden Positionen, welchen bewertete Wahrnehmungen zugrunde liegen, verschüttet wurden. Es erfolgt dadurch eine meist von Angst und Wut begleitete Öffnung der Kommunikation, bei welcher für den jeweiligen Eskalationsgrad der Konfliktdynamik symptomatische Tunnelblick wieder geweitet wird.

Der Prozess ist dabei in 5 Phasen – die Zielvereinbarung, die Themensammlung, die Konflikterhellung, die Ideensuche samt Lösungsfindung sowie die abschließende Vereinbarung – unterteilt, wobei die Phasen 3 und 4 vergleichbar dem zirkulär ablaufenden Prozess des Lernens nach neurobiologischer Erkenntnis so lange wiederholt werden, bis zu allen für die Erreichung der gemeinsamen Zielvorstellung identifizierten Themen die Bedürfnisse herausgearbeitet und jene Optionen entwickelt wurden, welche einer konsensualen Lösungsfindung am nächsten kommen.

In der Familienmediation wird durch die Person des Mediators, welcher der Allparteilichkeit und Neutralität verschrieben ist und über eine breit gefächerte Ausbildung mit juristischen, psycho-sozialen und kommunikationswissenschaftlichen Aspekten verfügt, zu beiden Medianden gleichermaßen eine Vertrauensebene hergestellt, welche nicht nur eine wertvolle Basis für die für die Öffnung erforderliche Sicherheit darstellt, sondern innerhalb des Mediationssettings auf die Beziehungsebene zwischen den Medianden ausstrahlt (Abb. 3.4). Stehen sich Schwiegermutter und Schwiegerkind etwa zu Beginn der Mediation noch in einer von Spannungen belasteten Beziehung gegenüber, so wirken bereits bald die jeweils zum Mediator aufgenommenen Beziehungen des Vertrauens positiv auf jene zwischen Schwiegermutter und Schwiegerkind. Auf dieser Ebene werden auch die während des Prozesses vom Mediator gesetzten Interventionen übertragen: Die zu Beginn der Mediation zwischen Schwiegermutter und Schwiegerkind bestehende Ohnmacht in Kommunikation, Empathie und Lösungsfindung wird mit der diesbezüglichen Macht des Mediators, genau diese Fähigkeiten einzusetzen, ausgeglichen. Es ist

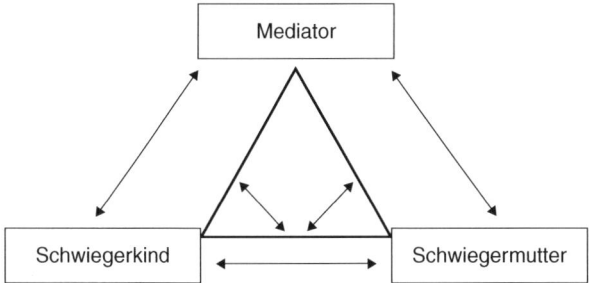

Abb. 3.4 Durch die allparteiliche und wertfreie Haltung des Mediators in der direkten Begegnung mit Schwiegerkind und Schwiegermutter (*äußere Pfeile*) baut er nicht nur zu den beiden Personen ein wertschätzendes Verhältnis des Vertrauens auf, er setzt durch diese aufgebauten Beziehungen auch einen Beziehungsrahmen, der auf die Beziehung zwischen den beiden Medianden wirkt und diese mit beeinflusst (*innere Pfeile*)

dabei jedoch seitens des Mediators genau darauf zu achten, dass Triangulationsversuche in wertschätzender Weise etwa durch Umdeutungen zurückgewiesen werden, um die Ausbalanciertheit seines Wirkens aufrechtzuerhalten.

Ergebnis einer Familienmediation, welche in verschiedenen Formen wie etwa der Pendelmediation, der Comediation, der klassischen Mediation oder der Schutzengelmediation angeboten wird, ist nicht nur eine in Eigenverantwortung erarbeitete Vereinbarung zum selbst definierten Ziel, sondern auch die Wiedererlangung von jenen Fähigkeiten wie etwa der direkten Kommunikation, welche für ein gedeihliches Miteinander förderlich sind.

Familienmediation ist somit neben der Familientherapie, wobei auch hier Kombinationen mit beratenden Berufen unterstützend wirken können, die wohl sinnvollste Hilfestellung in Konfliktsituationen, zu denen ein eigenverantwortliches Transformieren nicht gelingen mag.

Familiengericht

Die Befassung des Gerichtes und damit die Delegation der Eigenverantwortlichkeit zur Konflikttransformation an eine mit Macht ausgestattete dritte Person sollte die Ultima Ratio sein, also erst in Betracht gezogen werden, wenn keine der beispielhaft aufgezeigten anderen Wege mehr gangbar erscheinen. Zwar wird zum vor Gericht behandelten Thema ein Urteil gesprochen, welches mit Sanktionsmöglichkeiten im Fall der Nichteinhaltung versehen ist und damit auf der Sachebene einen für die Konfliktparteien nicht mehr verhandelbaren Schlusspunkt hinter den Konfliktverlauf setzt, doch auf der emotionalen Ebene bleibt selbst im Fall des Obsiegens mit dem eigenen Standpunkt ein Manko bestehen. Ein rasches Aufflammen von Konflikten zu anderen Themen ist daher oftmals zu beobachten, was nicht weiter verwundert: Wer vor Gericht zieht, befindet sich dabei selten in einer Friedensmission, sondern eher auf dem Kriegspfad – und auf Kriegspfaden kommt es zwar immer wieder zu Waffenstillstandsvereinbarungen, in den seltensten Fällen aber zu haltbaren Friedensverträgen.

Pfad des friedlichen Miteinanders

Wenn Sie an dieser Stelle des Buches angekommen sind – und dabei nicht, wie ich es häufig mit Tageszeitungen mache, von hinten begonnen haben –, dann haben Sie mich auf einer Reise von der Beschreibung von weitverbreiteten Problemen im Verhältnis zwischen Schwiegermutter und Schwiegerkind und deren Dynamik über die Betrachtung einiger der im Hintergrund wirkenden Kräfte bis hin zu den verschiedenen Möglichkeiten, auch aus diesen Konflikten gestärkt aufzustehen, begleitet.

Mein Wunsch ist es, dass bei Ihnen, werte Leserin und werter Leser, sofern Sie nicht ohnehin im besten Einvernehmen mit dem Schwiegerkind oder der Schwiegermutter leben und dieses Buch aus reiner Neugier gekauft haben, um einmal zu erfahren, wovon denn alle nur ständig sprechen, wenn Sie sich im Freundes- und Bekanntenkreis über hier beschriebene Probleme beklagen, mit der Lektüre das Selbstvertrauen so weit gewachsen ist, dass Sie nun ebenfalls den Weg zu einem konstruktiven Miteinander beschreiten wollen und davon überzeugt sind, aus den aufgezeigten Möglichkeiten die für Sie passende gefunden zu haben, mit welcher Ihnen das auch gelingen wird. Es ist niemals zu spät, diese Herausforderung anzunehmen, wir haben es immer selbst in der Hand und tragen alles, was wir brauchen werden, in uns. Glauben Sie dabei aber nicht, dass es immer ein leichter Weg sein wird: Wo viel Porzellan bereits zerschlagen wurde, da wurde auch viel an Energie in einen Weg des Gegeneinander investiert. Es ist daher nur recht und billig, wenn vor allem auf den ersten Metern des unbekannten Friedenspfades Wurzeln ein Vorankommen erschweren und man sehr gut darauf achten muss, nicht ständig zu stolpern. Doch es zahlt sich aus: Bereits nach kurzer Zeit werden am Wegesrand, wo bislang nur dornige Sträucher und stinkender Gatsch vorzufinden waren, wunderbare Möglichkeiten für ein Picknick oder auch nur ein

Verweilen mit schöner Aussicht im Beisein der gesamten Familie die Mühe lohnen.

Zu guter Letzt möchte ich Ihnen neben diesem Bild des Friedenspfades noch die vier Weisheiten des Spiegels nach Christoph Thomann mit auf den Weg geben:

1. Alles, was mich am anderen stört, ärgert, aufregt, in Wut geraten lässt und was ich anders haben will, habe ich selbst in mir.
2. Alles, was der andere an mir kritisiert, bekämpft und verändern will und was mich verletzt, betrifft mich – dies ist in mir noch nicht erlöst.
3. Alles, was der andere an mir kritisiert und mir vorwirft, anders haben will oder bekämpft, was mich aber nicht berührt, ist sein eigenes Bild, sein eigener Charakter, seine eigene Unzulänglichkeit, die er auf mich projiziert.
4. Alles, was mir am anderen gefällt, was ich an ihm liebe, bin ich selbst, habe ich auch selbst in mir und liebe dies am anderen – wir sind in diesen Punkten eins.

Literatur

Allione T (2009) Den Dämonen Nahrung geben. Arkana, München

Bauer J (2011) Warum ich fühle, was du fühlst. Heyne, München

Betz R (2012) Raus aus den alten Schuhen! Dem Leben eine neue Richtung geben. Integral, München

Dobelli R (2011) Die Kunst des klaren Denkens. Hanser, München

Fisher R, Ury LU, Palton BM (2009) Das Harvard-Konzept. Campus, Frankfurt/Main

Glasl F (2011) Selbsthilfe in Konflikten. Freies Geistesleben, Stuttgart

Glasl F (2011) Konfliktmanagement. Freies Geistesleben, Bern

Haarmann C (2012) Mütter sind auch Menschen. Orlanda, Berlin

Hüther G (2011) Was wir sind und was wir sein könnten. Fischer, Frankfurt/Main

Jacobsen O (2012) Ich stehe nicht mehr zur Verfügung. Windpferd, Karlsruhe

Kafka F (1983) Der Prozess. Fischer, Frankfurt a. M

Klappenbach D (2011) Mediative Kommunikation. Mit Rogers, Rosenberg & Co. konfliktfähig für den Alltag werden. Junfermann, Paderborn

Leibetseder K, Engelbrecht T, Glasl F, Bacher M (2008) Wie kann Familienmediation gelingen? Mut zum Frieden – Neue Wege in der systemischen Familienmediation. M & N Medienverlag, Graz

Lindemann H, Rosenbohm C (2012) Die Metaphern-Schatzkiste. Vandenhoeck & Ruprecht, Göttingen

Mehta G, Rückert K (Hrsg) (2008) Mediation. Instrument der Konfliktregelung und Dienstleistung. Falter, Wien

Möstl B (2009) Shaolin. Du musst nicht kämpfen, um zu siegen. Knaur, München

Möstl B (2012) Das Shaolin Prinzip. Tue nur, was Du selbst entschieden hast. Knaur, München

Richardson RW (2012) Wie Familie funktioniert. Orell Füssli, Zürich

Satir V, Baldwin M (2004) Familientherapie in Aktion. Die Konzepte von Virginia Satir in Theorie und Praxis. Junfermann, Paderborn

Schmidbauer M (2004) Der gitterlose Käfig. Wie unser Gehirn Realität erschafft. Springer, Wien

Schwarz G (2010) Konfliktmanagement. Konflikte erkennen, analysieren, lösen. Gabler, Wiesbaden

Watzke E (2008) Wahrscheinlich hat diese Geschichte gar nichts mit Ihnen zu tun…. Godesberg, Mönchengladbach

Watzlawick P (2011) Vom Schlechten des Guten: oder Hekates Lösungen. Piper, München

Watzlawick P (2012) Wie wirklich ist die Wirklichkeit? Wahn, Täuschung, Verstehen. Piper, München

Watzlawick P (2013) Anleitung zum Unglücklichsein. Piper, München

Young JE, Klosko JS (2010) Sein Leben neu erfinden. Wie Sie Lebensfallen meistern. Junfermann, Paderborn

Druck: KN Digital Printforce GmbH · Schockenriedstraße 37 · 70565 Stuttgart